职业教育"十三五"规划教材

弘扬中华传统文化经典教材

中职人文素质教育

主编 刘福亚 杨俊灵 韩东林

江苏大学出版社
JIANGSU UNIVERSITY PRESS

镇 江

内 容 提 要

　　本书以中等职业院校人文素质教育的目标为经,以文、史、哲、艺等方面的经典作品为纬,以相关人文知识为补充,旨在强化人文素质教育的科学性与实效性,切实提升学生的人文素养水平。全书共分为五个篇章,即"国学经典篇""诗词文化篇""美文欣赏篇""智慧人生篇"和"文化常识篇"。本书内容丰富,形式新颖,图文并茂,独具匠心,能使广大读者在阅读、学习的过程中充分领略中国文化的独特魅力和辉煌成就。

　　本书可作为中等职业院校学生的人文素质教育教材,也可以作为中国古典文化爱好者的收藏读物或学习参考书。

图书在版编目(C I P)数据

　　中职人文素质教育 / 刘福亚,杨俊灵,韩东林主编
. -- 镇江:江苏大学出版社,2017.7
　　ISBN 978-7-5684-0517-1

　　Ⅰ. ①中… Ⅱ. ①刘… ②杨… ③韩… Ⅲ. ①人文素质教育-中等专业学校-教材 Ⅳ. ①G40-012

　　中国版本图书馆CIP数据核字(2017)第158253号

中职人文素质教育
Zhongzhi Renwen Suzhi Jiaoyu

————————————————————————————

主　　编 / 刘福亚　杨俊灵　韩东林
责任编辑 / 张　冠　张　平
出版发行 / 江苏大学出版社
地　　址 / 江苏省镇江市梦溪园巷30号(邮编:212003)
电　　话 / 0511-84446464(传真)
网　　址 / http://press.ujs.edu.cn
排　　版 / 北京金企鹅文化发展中心
印　　刷 / 北京谊兴印刷有限公司
开　　本 / 787 mm×1 092 mm　1/16
印　　张 / 16.75
字　　数 / 387千字
版　　次 / 2017年7月第1版　2017年7月第1次印刷
书　　号 / ISBN 978-7-5684-0517-1
定　　价 / 29.80元

————————————————————————————

如有印装质量问题请与本社营销部联系(电话:0511-84440882)

前　言

人文素质教育的目的在于通过知识传授、环境熏陶，使人类优秀的文化成果内化为人的气质、人格和修养，进而成为受教育者内在的相对稳定的品质。本书的目的就在于加强人文素质教育，使中职学生通过文化知识的学习、文化环境的熏陶和人文精神的感染，升华人格，提高境界，为他们学好专业知识奠定坚实基础，使他们在将来有一个更好的发展。

整体而言，本书的编写具有以下特色：

（1）内容丰富，形式新颖

本书结构清晰、脉络分明，充分考虑人文素质教育的特殊要求，选择具有形象性、情感性、哲理性的古文、诗词、现代美文、典故传说等作为载体，通过文化知识的学习和熏陶进行有效的教育，打破了传统"说教式""灌输式"教育的教材形式，能够在激发学生学习兴趣的同时，潜移默化地提升学生的人文素质水平。

（2）通俗易懂，可读性强

本书所编排的国学经典古文、古诗词多配有译文或赏析，如《弟子规》全文均附有通俗的译文，古诗词中的"清代七绝"均附有简要的赏析。这种形式有利于学生阅读和理解知识，接受传统文化熏陶，进而提升自身的内在品质。

（3）图文并茂，赏心悦目

本书的选文配有丰富的精美图片，版式优美，令人赏心悦目，能够在提高学生阅读兴趣的同时，激发其想象力，使其感受至美意境，提高审美能力，多方位领略优秀传统文化的魅力。

本书由刘福亚、杨俊灵、韩东林任主编，汪百超、张国杰、赵德功、马玉红、刘良安任副主编，张锦军、董占营、潘志刚、王云昭、郭小辉、师群力、李党恩、张成礼、孙光综、邹敏任编委。在编写过程中，我们得到了许多企业人力资源部工作人员及多所职业院校中从事多年学生职业教育与就业分配工作的老师、有关专家的指导与帮助，同时我们还借鉴和参考了一些同类教材、资料和一些专家、学者的著述与研究成果，在此一并表示感谢。

由于时间仓促，加之编者水平有限，书中难免存在不妥或疏漏之处，恳请广大读者批评指正，以便我们进一步修改完善。

编　者

2017 年 6 月

目 录

国学经典篇

《弟子规》全文

1. 弟子规，圣人训，首孝悌，次谨信。

【译文】《弟子规》这本书，是依据至圣先师孔子的教诲而编成的生活规范；首先，要做到孝顺父母，友爱兄弟姐妹，其次，言语行为要小心谨慎，要讲信用。

2. 泛爱众，而亲仁，有余力，则学文。

【译文】和大众相处时要平等博爱，并且要亲近有仁德的人，向他学习，这些都是很重要、非做不可的事。如果还有多余的时间精力，就应该好好地学习六艺等其他有益的学问。

3. 父母呼，应勿缓，父母命，行勿懒。

【译文】父母呼唤，应及时应答，不要拖延、迟缓；父母交代的事情，要立刻动身去做，不可拖延或推辞偷懒。

4. 父母教，须敬听，父母责，须顺承。

【译文】父母的教诲，应该恭敬地聆听；做错了事，父母责备教诫时，应当虚心接受，不可强词夺理。

收获与感悟

1

5．冬则温，夏则清，晨则省，昏则定。

【译文】冬天寒冷时提前为父母温暖被窝，夏天酷热时提前帮父母把床铺扇凉；早晨起床后，先探望父母，向父母请安，晚上伺候父母就寝后，才能入睡。

6．出必告，反必面，居有常，业无变。

【译文】出门时告诉父母去向，返家后面告父母报平安；起居作息要有规律，做事要有常规，不要任意改变，以免父母担忧。

7．事虽小，勿擅为，苟擅为，子道亏。

【译文】纵然是小事，也不要不向父母禀告就擅自做主和行动；如果擅自行动而出错，让父母担忧，则有失做子女的本分。

8．物虽小，勿私藏，苟私藏，亲心伤。

【译文】公物虽小，也不要私自占为己有；如果私藏公物，缺失品德，就会让父母伤心。

收获与感悟

9．亲所好，力为具，亲所恶，谨为去。

【译文】父母喜欢的事情，应该全力去做；父母厌恶的事情，要小心谨慎地去除（包括自己的坏习惯）。

10．身有伤，贻亲忧，德有伤，贻亲羞。

【译文】自己的身体受到伤害，父母就会忧虑；做出伤风败德的事，父母就会蒙受羞辱。

11．亲爱我，孝何难，亲憎我，孝方贤。

【译文】父母喜爱我们的时候，孝顺不是困难的事情；父母不喜欢我们或管教过于严厉的时候，孝顺父母才是难能可贵的。

12．亲有过，谏使更，怡吾色，柔吾声。

【译文】父母有过错的时候，应小心劝导改过向善；劝导时要和颜悦色、柔声轻语、态度诚恳。

13．谏不入，悦复谏，号泣随，挞无怨。

【译文】如果父母不听规劝，要耐心等到父母高兴的时候继续规劝；父母不听恳劝，我们即使难过得痛哭流涕，也要恳求父母改过，纵然遭到责打，也无怨无悔，以免陷父母于不义，铸成大错。

收获与感悟

14．亲有疾，药先尝，昼夜侍，不离床。

【译文】父母亲生病时，煎好汤药要替父母先尝尝；要昼夜服侍，一时一刻都不离开父母床前。

15．丧三年，常悲咽，居处变，酒肉绝。

【译文】父母去世之后，守孝三年期间，要常追思、感怀父母的养育之恩；自己的生活起居必须调整改变，应该戒酒戒肉。

16．丧尽礼，祭尽诚，事死者，如事生。

【译文】办理父母的丧事要合乎礼节，不可草率马虎，也不可铺张浪费；祭奠父母要诚心诚意，对待去世的父母，要像生前一样恭敬。

收获与感悟

17．兄道友，弟道恭，兄弟睦，孝在中。

【译文】兄长要友爱弟妹，弟妹要恭敬兄长；兄弟姊妹能和睦相处，父母自然欢喜，孝道就在其中了。

18．财物轻，怨何生，言语忍，忿自泯。

【译文】与人相处不计较财物，怨恨就无从生起；言语上包容忍让，不必要的冲突、怨恨的事情自然消失不生。

19．或饮食，或坐走，长者先，幼者后。

【译文】饮食用餐，就坐行走，让长者优先，幼者在后。

20．长呼人，即代叫，人不在，己即到。

【译文】长辈有事呼唤别人，应代为传唤和转告；如果那个人不在，自己应该主动去询问是什么事，不能帮忙时就代为转告。

21．称尊长，勿呼名，对尊长，勿见能。

【译文】称呼尊者长辈，不可以直呼姓名；在尊长面前，谦虚有礼，不可炫耀自己的才能。

22．路遇长，疾趋揖，长无言，退恭立。

【译文】路上遇见长辈，应赶紧向前恭敬问好；长辈没有说话时，应退后恭敬站立一旁，等待长辈离去。

23．骑下马，乘下车，过犹待，百步余。

【译文】骑马或乘车时，遇见长辈，应下马或下车问候；若长辈离去，应等待长者离开百步之远，方可续行。

收获与感悟

24．长者立，幼勿坐，长者坐，命乃坐。

【译文】长辈站立时，晚辈不可先行就座；长辈坐定以后，吩咐坐下才可以坐。

25．尊长前，声要低，低不闻，却非宜。

【译文】在尊长面前说话，要低声细气、音量适中；声音太小让人听不清楚，也不合适。

26．进必趋，退必迟，问起对，视勿移。

【译文】到尊长面前，应快步向前，而退回去时，稍慢一些才合礼节；长辈问话时，应当注视聆听，不可以东张西望。

27．事诸父，如事父，事诸兄，如事兄。

【译文】对待叔叔伯伯等尊长，要如同对待自己的父亲一般孝顺恭敬；对待同族的兄长，要如同对待自己的兄长一样友爱尊敬。

收获与感悟

28．朝起早，夜眠迟，老易至，惜此时。

【译文】早上要起得早，晚上要晚点睡；人生易老，要珍惜时光。

29．晨必盥，兼漱口，便溺回，辄净手。

【译文】早晨起床后，务必洗脸梳妆、刷牙漱口；大小便后，要马上洗手。

30．冠必正，纽必结，袜与履，俱紧切。

【译文】穿戴仪容应整洁，戴帽子要端正，衣服纽扣应扣好；袜子应穿平整，鞋带应系紧。

31．置冠服，有定位，勿乱顿，致污秽。

【译文】放置衣服，要有固定的位置；衣物不要乱放，避免造成脏乱。

收获与感悟

32．衣贵洁，不贵华，上循分，下称家。

【译文】服装贵在整洁，不在华丽；穿着上要考量自己的身份与场合，更要与家庭经济状况相称。

33．对饮食，勿拣择，食适可，勿过则。

【译文】对待饮食，不要挑食偏食；饮食要适量，不要过量。

34．年方少，勿饮酒，饮酒醉，最为丑。

【译文】年纪小时，不可饮酒；酒醉之态，最为丑陋。

35．步从容，立端正，揖深圆，拜恭敬。

【译文】走路时步伐应从容稳重，站立时应端正；问候他人时，拱手或鞠躬，应真诚恭敬。

36．勿践阈，勿跛倚，勿箕踞，勿摇髀。

【译文】进门时不要踩在门槛上，站立不要歪斜；坐的时候不可以伸出两腿，腿不可抖动。

> **收获与感悟**

37．缓揭帘，勿有声，宽转弯，勿触棱。

【译文】进入房间时，揭帘子、开关门的动作要轻缓，不要发出声响；在室内行走时，应在宽处转弯，不要撞到物品的棱角，以免受伤。

38．执虚器，如执盈，入虚室，如有人。

【译文】拿着空的器具，要像里面装满东西一样，小心谨慎以防跌倒或打破；进入无人的房间，也要像有人在一样，不可以随便。

39．事勿忙，忙多错，勿畏难，勿轻略。

【译文】做事不要慌慌张张，忙中容易出错；不要畏惧困难，不可草率行事。

40．斗闹场，绝勿近，邪僻事，绝勿问。

【译文】容易发生争吵打斗的不良场所，绝对不要接近；对邪恶的事情，不要好奇地追问。

收获与感悟

41．将入门，问孰存，将上堂，声必扬。

【译文】将要进门之前，应先问："有人在吗？"进入客厅之前，应先提高声音，让屋里的人知道有人来了。

42．人问谁，对以名，吾与我，不分明。

【译文】如果屋里的人问："是谁呀？"应该回答名字；若回答："是我！"就会让人无法分辨是谁。

43．用人物，须明求，倘不问，即为偷。

【译文】借用别人的物品，要事先向人讲明、征得同意；如果没有征得同意，擅自取用就是偷窃行为。

44．借人物，及时还，人借物，有勿悭。

【译文】借人物品，应及时归还；别人借你东西时，不要吝啬。

45．凡出言，信为先，诈与妄，奚可焉。

【译文】开口说话，诚信为先；欺骗和胡言乱语，不能使用。

46．话说多，不如少，惟其是，勿佞巧。

【译文】话多不如话少；说话时应实事求是，不要妄言取巧。

47．奸巧语，秽污词，市井气，切戒之。

【译文】不要讲奸邪取巧的话和下流肮脏的词语；粗俗鄙陋之气，都要避免，不去沾染。

48．见未真，勿轻言，知未的，勿轻传。

【译文】没有得知真相之前，不要轻易发表意见；不知道事情的真相，不可轻信传播。

49．事非宜，勿轻诺，苟轻诺，进退错。

【译文】对不合理的要求，不要轻易答应；如果轻易答应，就会使自己进退两难。

50．凡道字，重且舒，勿急疾，勿模糊。

【译文】说话吐字声音要大，语速要缓慢；说话不要太快，更不要吐字模糊不清。

51．彼说长，此说短，不关己，莫闲管。

【译文】遇到别人与己说长道短，不关自己的是非，不必多管。

52．见人善，即思齐，纵去远，以渐跻。

【译文】看见他人的优点或善举，要立即学习看齐；纵然目前能力相差很远，也要努力去做，逐渐赶上。

53．见人恶，即内省，有则改，无加警。

【译文】看见别人的缺点或不良行为，要反省自己；有则改之，无则加勉。

54．唯德学，唯才艺，不如人，当自砺。

【译文】唯有品德才学可以与人相比，如果不如别人，就应当自我激励，修养德才。

55．若衣服，若饮食，不如人，勿生戚。

【译文】若是穿着、饮食不如他人，没有必要忧虑自卑。

56．闻过怒，闻誉乐，损友来，益友却。

【译文】如果听到别人的批评就生气，听到别人的称赞就欢喜，坏朋友就会来找你，良朋益友就会离你而去。

57．闻誉恐，闻过欣，直谅士，渐相亲。

【译文】听到他人的称赞而唯恐过誉，听到别人的批评而欣然接受，这样良师益友就会渐渐和你亲近。

58．无心非，名为错，有心非，名为恶。

【译文】不是有心故意做错的，称为过错；明知故犯的，便是罪恶。

59．过能改，归于无，倘掩饰，增一辜。

【译文】知错改过，错误就会消失；如果掩饰过错，就是错上加错。

收获与感悟

60．凡是人，皆须爱，天同覆，地同载。

【译文】只要是人，就是同类，皆须相亲相爱；因为同顶一片天，同住地球上。

61．行高者，名自高，人所重，非貌高。

【译文】德行高尚者，名声自然崇高；人们所敬重的是他的德行，并非他的容貌外表。

62．才大者，望自大，人所服，非言大。

【译文】有才能的人，处理事情的能力卓越，声望自然不凡；人们之所以欣赏、佩服，是因为他的处事能力，而不是因为他很会说大话。

63．己有能，勿自私，人所能，勿轻訾。

【译文】自己有能力时，不要自私自利，而应帮助别人；对于他人的才能，不要嫉妒，而应当欣赏、学习。

64．勿谄富，勿骄贫，勿厌故，勿喜新。

【译文】不要献媚、巴结富有的人，不要在穷人面前骄傲自大，不要喜新厌旧。

65．人不闲，勿事搅，人不安，勿话扰。

【译文】别人正在忙碌时，不要去打扰；别人心情不好时，不要用闲言闲语去干扰。

66．人有短，切莫揭，人有私，切莫说。

【译文】对于别人的短处，不要去揭穿；对于别人的隐私，不要去评说。

> **收获与感悟**

67．道人善，即是善，人知之，愈思勉。

【译文】赞美他人的善行就是行善；别人听到你的称赞，就会更加勉励行善。

68．扬人恶，即是恶，疾之甚，祸且作。

【译文】宣扬他人的恶行，就是在做恶事；指责、批评别人太过分，会给自己招来灾祸。

69．善相劝，德皆建，过不规，道两亏。

【译文】朋友之间应当互相规过劝善、德才共修；如果有错不能互相规劝，那么两个人的品德都会受到损害。

> **收获与感悟**

70．凡取与，贵分晓，与宜多，取宜少。

【译文】取得或给予财物，贵在分明；给予宜多，取得宜少。

71．将加人，先问己，己不欲，即速已。

【译文】要求别人做的事情，先反问自己愿不愿意做；如果连自己也不愿意，就应立刻停止。

72．恩欲报，怨欲忘，报怨短，报恩长。

【译文】受人恩惠要时时想着报答，对别人的怨恨则应该宽大为怀，把它忘掉；怨恨不平的事不要停留太久，而别人对我们的恩德要常记不忘，常思报答。

73．待婢仆，身贵端，虽贵端，慈而宽。

【译文】对待婢女和仆人，要注重自己的品行端正并以身作则；虽然品行端正很重要，但是仁慈宽厚更可贵。

74．势服人，心不然，理服人，方无言。

【译文】仗势逼迫别人服从，对方难免口服心不服；唯有以理服人，别人才会心悦诚服。

收获与感悟

75．同是人，类不齐，流俗众，仁者希。

【译文】同样是人，善恶正邪、心智高低却良莠不齐；流于世俗的人众多，仁义博爱的人稀少。

76．果仁者，人多畏，言不讳，色不媚。

【译文】如果有一位仁德的人出现，大家自然敬畏他；因为他直言不讳、公正无私，不会察色献媚。

77．能亲仁，无限好，德日进，过日少。

【译文】能够亲近有仁德的人，向他学习，是再好不过的事情；因为他会使我们的德行与日俱增，过错逐日减少。

78．不亲仁，无限害，小人进，百事坏。

【译文】不肯亲近仁义君子，就会有无穷的祸害；因为奸邪小人会乘虚而入并亲近我们，日积月累，我们的言行举止都会受影响，导致整个人生的失败。

收获与感悟

79．不力行，但学文，长浮华，成何人。

【译文】不能身体力行孝、悌、谨、信、泛爱众、亲仁这些本分，纵然有知识，也只是增长自己华而不实的习气，变成一个不切实际的人。

80．但力行，不学文，任己见，昧理真。

【译文】如果只是身体力行一味地做，而不肯读书学习，就容易依着自己的偏见做事，会看不到真理。

81．读书法，有三到，心眼口，信皆要。

【译文】读书的方法讲究三到，即眼到、口到、心到，三者缺一不可，这样才能够深入领会文章的意思，收到事半功倍的效果。

82．方读此，勿慕彼，此未终，彼勿起。

【译文】研究学问要专一、专精才能深入，不能这本书没读多久，又想看其他的书，或是这段还未读完、读通，就又想读另一段，这样永远也定不下心来。

83．宽为限，紧用功，工夫到，滞塞通。

【译文】在制订读书计划的时候，不妨宽松一些，但是执行时工夫要用得紧，每天都要努力，不可以懈怠偷懒；日积月累功夫深了，原先窒碍不通、困顿疑惑之处，自然而然就都迎刃而解了。

84．心有疑，随札记，就人问，求确义。

【译文】不懂的问题，应随时记笔记；一有机会就向良师益友请教，务必确实明白它的真义。

收获与感悟

85．房室清，墙壁净，几案洁，笔砚正。

【译文】书房要保持清洁，墙壁要干净；桌面上笔墨纸砚等文具要放置整齐，不得凌乱。

86．墨磨偏，心不端，字不敬，心先病。

【译文】如果心不在焉，墨就会磨偏；写出来的字如果歪歪斜斜，就表示浮躁不安，心定不下来。

87．列典籍，有定处，读看毕，还原处。

【译文】书籍课本应分类，排列整齐，放在固定的位置，读诵完毕须归还原处。

88．虽有急，卷束齐，有缺坏，就补之。

【译文】即使在有急事的时候，看完书也要把它顺手合上收好；遇到书本有残缺损坏时，应立刻修补好，保持完整。

89．非圣书，屏勿视，蔽聪明，坏心志。

【译文】不是传述圣贤道理言行的书籍，以及有害身心健康的不良书刊，都应该摒弃不看；因为书里面不正当的事理会蒙蔽我们的智慧，会败坏我们纯正的志向，使我们的身心受到污染，从而心志变得不健康。

90．勿自暴，勿自弃，圣与贤，可驯致。

【译文】遇到困难或挫折时，不要自暴自弃；圣贤的境界虽高，循序渐进也是可以达到的。

收获与感悟

《吕氏春秋》十大名句

名句一

欲胜人者必先自胜，欲论人者必先自论，欲知人者必先自知。（《季春纪·先己》）

名句二

石可破也，而不可夺坚；丹可磨也，而不可夺赤。（《季冬纪·诚廉》）

名句三

善学者，假人之长以补其短。(《孟夏纪·用众》)

收获与感悟

名句四

竭泽而渔，岂不获得？而明年无鱼。焚薮而田，岂不获得？而明年无兽。(《孝行览·义赏》)

名句五

以绳墨取木，则宫室不成矣。(《离俗览·离俗》)

名句六

得十良马，不若得一伯乐；得十良剑，不若得一欧冶；得地千里，不若得一圣人。(《不苟论·赞能》)

收获与感悟

名句七

欲知平直，则必准绳；欲知方圆，则必规矩。（《不苟论·自知》）

名句八

察己则可以知人，察则今可以知古。（《慎大览·察今》）

名句九

流水不腐，户枢不蠹，动也。（《季春纪·尽数》）

名句十

尺之木必有节目，寸之玉必有瑕瓋。（《离俗览·举难》）

收获与感悟

《庄子》九句经典

　　庄子是东周战国中期著名的思想家、哲学家和文学家，与老子齐名，并称为"老庄"。他创立了华夏重要的哲学学派"庄学"，是战国时期继老子之后道家学派的代表人物。他的代表作为《庄子》，其中的名篇有《逍遥游》《齐物论》等。

经典句一

　　　　相濡以沫，不如相忘于江湖。

——《庄子·大宗师》

经典句二

人生天地之间，若白驹过隙，忽然而已。

——《庄子·知北游》

经典句三

子非鱼，安知鱼之乐？

——《庄子·秋水》

经典句四

朴素而天下莫能与之争美。

——《庄子·天道》

收获与感悟

经典句五

人皆知有用之用，而莫知无用之用也。

——《庄子·人间世》

经典句六

君子之交淡如水，小人之交甘若醴。

——《庄子·山木》

经典句七

不忘其所始，不求其所终。

——《庄子·大宗师》

收获与感悟

经典句八

来世不可待，往世不可追也。

——《庄子·人间世》

经典句九

日出而作，日入而息。逍遥于天地之间，而心意自得。

——《庄子·让王》

收获与感悟

《资治通鉴》十句精华

《资治通鉴》是北宋司马光耗时近 20 年主编的一部极其重要的史书，涵盖了从周威烈王到五代后周世宗 16 朝 1362 年的历史。论这本书的地位，可用清人王鸣盛的一句话来概括："此天地间必不可无之书，亦学者必不可不读之书也。"

精华句一

夫信者，人君之大宝也。国保于民，民保于信；非信无以使民，非民无以守国。是故古之王者不欺四海，霸者不欺四邻，善为国者不欺其民，善为家者不欺其亲。不善者反之……

——《资治通鉴·卷二·周纪二》

【译文】信誉是君主至高无上的法宝。国家靠人民来保卫，人民靠信誉来保护；不讲信誉就无法使人民服从，没有人民便无法维持国家。所以古代成就王道者不欺骗天下，建立霸业者不欺骗四方邻国，善于治国者不欺骗人民，善于治家者不欺骗亲人。只有蠢人才反其道而行之……

精华句二

法者，天下之公器，惟善持法者，亲疏如一，无所不行，则人莫敢有所恃而犯之也。
——《资治通鉴·卷十四·汉纪六》

【译文】法律是天下共同遵守的准绳，只有善于运用法律的人，不分关系亲疏，严格执法，无所回避，才能使所有的人都不敢依仗权势而触犯法律。

收获与感悟

精华句三

《司马法》曰："国虽大,好战必亡;天下虽平,忘战必危。"夫怒者,逆德也;兵者,凶器也;争者,末节也。夫务战胜,穷武事者,未有不悔者也。

——《资治通鉴·卷十八·汉纪十》

【译文】《司马法》中说:"国家虽大,喜好战争必定灭亡;天下虽然太平,忘掉战争必定危险。"愤怒是悖逆之德,兵器是不祥之物,争斗是细枝末节。那些致力于战伐争胜、穷兵黩武的人,到头来没有不悔恨的。

精华句四

君子立天下之正位,行天下之正道,得志则与民由之,不得志则独行其道。富贵不能淫,贫贱不能移,威武不能诎,是之谓大丈夫。

——《资治通鉴·卷三·周纪三》引《孟子·卷六·滕文公章句下》

【译文】君子处世堂堂正正，行天下之正道，得志便带领百姓，同行正道；不得志便洁身自好，独行正道。富贵不能淫，贫贱不能移，威武不能屈，这才能算得上是大丈夫。

收获与感悟

精华句五

行一不义，杀一无罪，而得天下，仁者不为也。

——《资治通鉴·卷四·周纪四》引《荀子·卷七·王霸篇第十》

【译文】即使做一件坏事、杀一个无辜人便可得到天下，仁爱的人也不会去干。

精华句六

贤而多财，则损其志；愚而多财，则益其过。且夫富者，众之怨也，吾既无以教化子孙，不欲益其过而生怨。

——《资治通鉴·卷二十五·汉纪十七》

【译文】贤能的人，如果财产太多，就会磨损他们的志气；愚蠢的人，如果财产太多，就会增加他们的过错。况且富有的人，往往会成为众人怨恨的目标，我既然没有教化子孙的才能，也不愿增加他们的过错而落下怨恨。

收获与感悟

精华句七

知过非难，改过为难；言善非难，行善为难。

——《资治通鉴·卷二百二十九·唐纪四十五》

【译文】知道自己的过错并不难，改正过错才是难的；说好话并不难，做好事才是难的。

精华句八

任人当才，为政大体，与之共理，无出此途。而向之用才，非无知人之鉴，其所以失溺，在缘情之举。

——《资治通鉴·卷二百一十·唐纪二十六》

【译文】重用有真才实学的人，是治理国家的基本原则，与有识之士齐心协力地处理政事，也并不例外。但以往在任用贤才的时候，掌权的并非不具备知人善任的见地，之所以存在很多弊病，是由于过多地考虑情面的缘故。

收获与感悟

精华句九

无纾目前之虞，或兴意外之变。人者，邦之本也。财者，人之心也。其心伤则其本伤，其本伤则枝干颠瘁矣。

——《资治通鉴·卷二百二十八·唐纪四十四》

【译文】如果不解除眼前的忧患，也许还会引起意外的变故。百姓是国家的根本，财力是百姓的核心。核心受到伤害，根本就会受到伤害；根本受到伤害，枝干就会坠毁了。

精华句十

正女不从二夫，忠臣不事二君。为女不正，虽复华色之美，织纴之巧，不足贤矣；为臣不忠，虽复材智之多，治行之优，不足贵矣。何则？大节已亏故也。

——《资治通鉴·卷二百九十一·后周纪二》

【译文】正派的女人不会跟从两个丈夫，忠诚的臣子不会事奉两位君主。做女人不正派，即使有如花似玉的美貌、纺纱织锦的巧手，也称不上贤惠了；做臣子不忠诚，即使才气过人、足智多谋、政绩卓著，也不值得看重了。什么缘故呢？因为大节已经缺损了。

收获与感悟

苏轼散文名句二十五则

1．古之立大事者，不惟有超世之才，亦必有坚忍不拔之志。——《晁错论》

2．天下有大勇者，卒然临之而不惊，无故加之而不怒。——《留侯论》

3．人不可以苟富贵，亦不可以徒贫贱。——《上梅直讲书》

4．山高月小，水落石出。——《后赤壁赋》

5．浩浩乎如冯虚御风，而不知其所止；飘飘乎如遗世独立，羽化而登仙。——《赤壁赋》

收获与感悟

6．寄蜉蝣于天地，渺沧海之一粟。——《赤壁赋》

7．夫天地之间，物各有主，苟非吾之所有，虽一毫而莫取。惟江上之清风，与山间之明月，耳得之而为声，目遇之而成色，取之无禁，用之不竭，是造物者之无尽藏也，而吾与子之所共适。——《赤壁赋》

8．文起八代之衰，而道济天下之溺；忠犯人主之怒，而勇夺三军之帅。——《潮州韩文公庙碑》

9．有名而无实，则其名不行；有实而无名，则其实不长。——《策别七》

10．有所取必有所舍，有所禁必有所宽。——《策别五》

收获与感悟

11．古之所谓豪杰之士者，必有过人之节。——《留侯论》

12．合则留，不合则去。——《志林·范增论》

13．物必先腐也，而后虫生之；人必先疑也，而后谗入之。——《志林·范增论》

14．自其变者而观之，则天地曾不能以一瞬；自其不变者而观之，则物与我皆无尽也。——《赤壁赋》

15．画竹必先得成竹于胸中。——《文与可画筼筜谷偃竹记》

收获与感悟

16．味摩诘之诗，诗中有画；观摩诘之画，画中有诗。——《书摩诘〈蓝田烟雨图〉》

17．发纤秾于简古，寄至味于淡泊。——《书〈书黄子思诗集〉后》

18．大略如行云流水，初无定质，但常行于所当行，常止于不可不止，文理自然，姿态横生。——《与谢民师推官书》

19．吾文如万斛泉源，不择地而出，在平地滔滔汩汩，虽一日千里无难。——《文说》

20．博观而约取，厚积而薄发。——《稼说送张琥》

收获与感悟

21．得人之道，在于知人；知人之法，在于责实。——《议学校贡举状》

22．凡物皆有可观。苟有可观，皆有可乐，非必怪奇玮丽者也。——《超然台记》

23．事不目见耳闻，而臆断其有无，可乎？——《石钟山记》

24．求物之妙，如系风捕影，能使是物了然于心者，盖千万人而不一遇也，而况能了然于口与手者乎！——《与谢民师推官书》

25．欲立非常之功者，必有知人之明。——《拟进士对御试策》

收获与感悟

诗词文化篇

最美的春分诗

　　二十四节气中的春分日，介于惊蛰和清明之间。"春分者，阴阳相半也，故昼夜均而寒暑平。"在这风和日丽、草长莺飞、鸟语花香的阳春三月，泡一杯香茗，捧一卷诗词，走进文人骚客笔下的"春分"节气，别有一番意味。

春分日

[五代] 徐铉

仲春初四日，春色正中分。

绿野徘徊月，晴天断续云。

燕飞犹个个，花落已纷纷。

思妇高楼晚，歌声不可闻。

　　阳春三月，春色中分，小草开始发芽，落花纷纷，燕群飞舞，深闺思妇登上高楼，一曲思歌遥寄。

七绝

[五代] 徐铉

春分雨脚落声微，柳岸斜风带客归。

时令北方偏向晚，可知早有绿腰肥。

春分时节春雨洋洋洒洒落下来，万物复苏，杨柳扶岸。春分过后的清明时节，在外的亲人纷纷回来了。这个时令在北国有点偏晚，气温回暖也慢于南方，这个时候南方早已是草长莺飞、万物复苏、春暖花开的季节了。

收获与感悟

春日田家

[清] 宋琬

野田黄雀自为群，山叟相过话旧闻。

夜半饭牛呼妇起，明朝种树是春分。

夜半喂牛，道出了农家的辛苦。不过总的说来，全诗情调旷达，令人有羡慕之情。

和宋之问寒食题黄梅临江驿

[唐] 崔融

春分自淮北，寒食渡江南。

忽见浔阳水，疑是宋家潭。

明主阍难叫，孤臣逐未堪。

遥思故园陌，桃李正酣酣。

春分时节，诗人遥思的仍然是故园田间小路两旁的芬芳桃李，道出了一个游子的思乡情怀。

收获与感悟

癸丑春分后雪

[北宋] 苏轼

雪入春分省见稀，半开桃李不胜威。

应惭落地梅花识，却作漫天柳絮飞。

不分东君专节物，故将新巧发阴机。

从今造物尤难料，更暖须留御腊衣。

　　春分后的雪让刚刚绽蕊的桃、杏和刚刚脱下寒衣的人们都禁受不住，这让人们获得启迪：造物主操纵的阴晴冷暖，变幻莫测，不可预料，所以，即便天气已经很暖和了，也必须准备着御寒的衣物。

偷声木兰花·春分遇雨

[五代] 徐铉

天将小雨交春半，谁见枝头花历乱。

纵目天涯，浅黛春山处处纱。

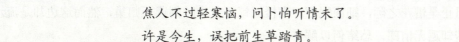

　　焦人不过轻寒恼，问卜怕听情未了。

　　许是今生，误把前生草踏青。

　　春分时节，四野清朗，春雨欲来。树枝上花朵片片，横七竖八，参差不整，杂乱无序。放眼远望，天尽头的青山色影淡淡，朦朦胧胧，裹罩在轻雾中。仍然有些寒冷的气候，让人焦躁烦恼。刚才问过一卜，卜里言说的"未了情"久久翻腾在心里。这一生难了的情，也许是今生报的前生孽缘了，就像眼前踏错了青。全篇结构平稳，以春分做题材，真率自然，不押险韵，不用奇字，从容地描绘了一幅春之图画，颇近白居易诗风。

收获与感悟

少年游·小楼归燕又黄昏

[北宋] 杜安世

小楼归燕又黄昏。寂寞锁高门。

轻风细雨，惜花天气，相次过春分。

画堂无绪，初燃绛蜡，罗帐掩余薰。

多情不解怨王孙，任薄幸、一从君。

春分日正是惜花之际，细雨飘洒，高楼深锁，黄昏时刻燕子归巢，然而这边却是流水落花，多情却遇无情郎，愁绪何以解？

蝶恋花·已过春分春欲去

[北宋] 葛胜仲

已过春分春欲去。

千炬花间，作意留春住。

一曲清歌无误顾。绕梁余韵归何处。

尽日劝春春不语。

红气蒸霞，且看桃千树。

才子霏谈更五鼓。剩看走笔挥风雨。

春分刚过，落红满地，意欲携走短暂的春。想要留住这美好的春天，却是留而不住。春不语，剩看走笔挥风雨。

收获与感悟

踏莎行·雨霁风光

[北宋] 欧阳修

雨霁风光，春分天气。

千花百卉争明媚。

画梁新燕一双双，玉笼鹦鹉愁孤睡。

薜荔依墙，莓苔满地。

青楼几处歌声丽。

蓦然旧事上心来，无言敛皱眉山翠。

　　春分时节的新燕、百花跃然纸上，哪知青楼的歌声引得词人愁，可惜了这美好的"春分天气"。词人由景到情、由情到景，借节气道尽了难言的心境。

阮郎归·南园春半踏青时

[北宋] 欧阳修

南园春半踏青时，风和闻马嘶。

青梅如豆柳如眉，日长蝴蝶飞。

花露重，草烟低，人家帘幕垂。

秋千慵困解罗衣，画堂双燕归。

此词写仲春景色，豆梅丝柳，日长蝶飞，花露草烟，秋千慵困，画梁双燕，令人目不暇接。而人物踏青时的心情，则仅于"慵困""双燕栖"中略予点泄，显得雍容蕴藉。

笑看人生的诗

山中与幽人对酌

[唐] 李白

两人对酌山花开，一杯一杯复一杯。

我醉欲眠卿且去，明朝有意抱琴来。

题秋江独钓图

[清] 王士祯

一蓑一笠一扁舟，一丈丝纶一寸钩。

一曲高歌一樽酒，一人独钓一江秋。

约客

[南宋] 赵师秀

黄梅时节家家雨，青草池塘处处蛙。

有约不来过夜半，闲敲棋子落灯花。

收获与感悟

人月圆·山中书事

[元] 张可久

兴亡千古繁华梦，诗眼倦天涯。

孔林乔木，吴宫蔓草，楚庙寒鸦。

数间茅舍，藏书万卷，投老村家。

山中何事？松花酿酒，春水煎茶。

终南别业

[唐] 王维

中岁颇好道，晚家南山陲。

兴来每独往，胜事空自知。

行到水穷处，坐看云起时。

偶然值林叟，谈笑无还期。

鹧鸪天·西都作

［南宋］朱敦儒

我是清都山水郎，天教分付与疏狂。

曾批给雨支风券，累上留云借月章。

诗万首，酒千觞。几曾著眼看侯王？

玉楼金阙慵归去，且插梅花醉洛阳。

收获与感悟

将进酒

[唐] 李白

君不见，黄河之水天上来，奔流到海不复回。

君不见，高堂明镜悲白发，朝如青丝暮成雪。

人生得意须尽欢，莫使金樽空对月。

天生我材必有用，千金散尽还复来。

烹羊宰牛且为乐，会须一饮三百杯。

岑夫子，丹丘生，将进酒，杯莫停。

与君歌一曲，请君为我倾耳听。

钟鼓馔玉不足贵，但愿长醉不复醒。

古来圣贤皆寂寞，惟有饮者留其名。

陈王昔时宴平乐，斗酒十千恣欢谑。

主人何为言少钱，径须沽取对君酌。

五花马，千金裘，呼儿将出换美酒，与尔同销万古愁。

渔父·一棹春风一叶舟

[五代] 李煜

一棹春风一叶舟，一纶茧缕一轻钩。

花满渚，酒盈瓯，万顷波中得自由。

定风波·莫听穿林打叶声

［北宋］苏轼

莫听穿林打叶声，何妨吟啸且徐行。

竹杖芒鞋轻胜马，谁怕？

一蓑烟雨任平生。

料峭春风吹酒醒，微冷，

山头斜照却相迎。

回首向来萧瑟处，

归去，也无风雨也无晴。

西江月·日日深杯酒满

［南宋］朱敦儒

日日深杯酒满，朝朝小圃花开。

自歌自舞自开怀，且喜无拘无碍。

青史几番春梦，黄泉多少奇才。

不须计较与安排，领取而今现在。

收获与感悟

唐诗宋词中的思念

春梦

[唐] 岑参

洞房昨夜春风起，故人尚隔湘江水。

枕上片时春梦中，行尽江南数千里。

此诗写法独特。洞房忽起春风极反常，然梦中春风，则合理。梦中千里寻人，可见思念之深切。所谓夜有所梦常因日有所思。因为是梦，所以能片时行尽千里，此所谓"反常合道"之巧思。

收获与感悟

夜雨寄北

［唐］李商隐

君问归期未有期，巴山夜雨涨秋池。

何当共剪西窗烛，却话巴山夜雨时。

这是一首以诗代信的诗。诗前省去一大段内容，可以猜测，此前诗人已收到妻子的来信，信中妻子盼望丈夫早日回归故里。诗人自然也希望能早日回家团聚，但因各种原因，愿望一时还不能实现。首句流露出离别之苦、思念之切。

钗头凤·红酥手

[南宋] 陆游

红酥手，黄縢酒，满城春色宫墙柳。

东风恶，欢情薄。一怀愁绪，几年离索。

错！错！错！

春如旧，人空瘦，泪痕红浥鲛绡透。

桃花落，闲池阁。山盟虽在，锦书难托。

莫！莫！莫！

　　这首词写的是陆游自己的爱情悲剧。词的上片通过追忆往昔美满的爱情生活，感叹被迫离异的痛苦；词的下片，由感慨往事回到现实，进一步抒写与妻被迫离异的巨大哀痛。这首词达到了内容和形式的完美统一，是一首别开生面、催人泪下的作品。

收获与感悟

蝶恋花·伫倚危楼风细细

[北宋] 柳永

伫倚危楼风细细，望极春愁，黯黯生天际。

草色烟光残照里，无言谁会凭阑意。

拟把疏狂图一醉，对酒当歌，强乐还无味。

衣带渐宽终不悔，为伊消得人憔悴。

这首词紧扣"春愁"（即"相思"），却又迟迟不肯说破，只是从字里行间向读者透露出一些消息，眼看要写到了，却又煞住，调转笔墨，如此影影绰绰、扑朔迷离、千回百折，直到最后一句才使真相大白。在词的最后两句，相思感情达到高潮的时候，戛然而止，既激情回荡又具有很强的感染力。

鹊桥仙·纤云弄巧

[北宋] 秦观

纤云弄巧，飞星传恨，银汉迢迢暗度。

金风玉露一相逢，便胜却人间无数。

柔情似水，佳期如梦，忍顾鹊桥归路。

两情若是久长时，又岂在朝朝暮暮。

这首词的议论自由流畅、通俗易懂，却又显得婉约蕴藉、余味无穷。作者将画龙点睛的议论与散文句法，同优美的形象、深沉的情感结合起来，起伏跌宕地讴歌了人间美好的爱情，取得了极好的艺术效果。

收获与感悟

卜算子·我住长江头

[北宋] 李之仪

我住长江头，君住长江尾。

日日思君不见君，共饮长江水。

此水几时休，此恨何时已。

只愿君心似我心，定不负相思意。

这首词的结拍写出了隔绝中的永恒之爱，给人以江水长流情长的感受。

江城子·乙卯正月二十日夜记梦

[北宋] 苏轼

十年生死两茫茫，不思量，自难忘。

千里孤坟，无处话凄凉。

纵使相逢应不识，尘满面，鬓如霜。

夜来幽梦忽还乡，小轩窗，正梳妆。

相顾无言，惟有泪千行。

料得年年肠断处，明月夜，短松冈。

这首词是"记梦"，而且明确写了做梦的日子。但虽说是"记梦"，其实只有下片五句在记梦境，其他都在抒胸臆、诉悲怀，情感真挚朴素、沉痛感人。

收获与感悟

品读冬天之美的诗

孤寒之美

江雪

[唐] 柳宗元

千山鸟飞绝，万径人踪灭。

孤舟蓑笠翁，独钓寒江雪。

暖引之美

问刘十九

[唐] 白居易

绿蚁新醅酒，红泥小火炉。

晚来天欲雪，能饮一杯无？

收获与感悟

踏雪之美

逢雪宿芙蓉山主人

[唐] 刘长卿

日暮苍山远，天寒白屋贫。

柴门闻犬吠，风雪夜归人。

闻香之美

梅花

[北宋] 王安石

墙角数枝梅，凌寒独自开。

遥知不是雪，为有暗香来。

收获与感悟

豪情之美

别董大

[唐] 高适

千里黄云白日曛，北风吹雁雪纷纷。

莫愁前路无知己，天下谁人不识君。

风劲之美

塞下曲

[唐] 卢纶

月黑雁飞高，单于夜遁逃。

欲将轻骑逐，大雪满弓刀。

收获与感悟

凌寒之美

白雪歌送武判官归京

[唐] 岑参

北风卷地白草折，胡天八月即飞雪。

忽如一夜春风来，千树万树梨花开。

散入珠帘湿罗幕，狐裘不暖锦衾薄。

将军角弓不得控，都护铁衣冷难着。

瀚海阑干百丈冰，愁云惨淡万里凝。

中军置酒饮归客，胡琴琵琶与羌笛。

纷纷暮雪下辕门，风掣红旗冻不翻。

轮台东门送君去，去时雪满天山路。

山回路转不见君，雪上空留马行处。

坚韧之美

青松

陈毅

大雪压青松，青松挺且直。
要知松高洁，待到雪化时。

大气之美

沁园春·雪

毛泽东

北国风光，千里冰封，万里雪飘。
望长城内外，惟余莽莽；
大河上下，顿失滔滔。
山舞银蛇，原驰蜡象，
欲与天公试比高。
须晴日，看红装素裹，分外妖娆。
江山如此多娇，引无数英雄竞折腰。

惜秦皇汉武，略输文采；

唐宗宋祖，稍逊风骚。

一代天骄，成吉思汗，

只识弯弓射大雕。

俱往矣，数风流人物，还看今朝。

收获与感悟

十个词牌道尽十种人生

词，亦文学，亦音乐。

有边客游子之呻吟，忠臣义士之壮语，隐逸君子之怡情悦志，少年学子之热望与失望，以及佛子之赞颂，医生之歌诀，莫不入调。

一部《全宋词》，用字频率最高者为"人"。怎奈何悲喜人生，何处话思量？何处诉衷肠？

虞美人·春花秋月何时了

[五代] 李煜

春花秋月何时了？往事知多少。

小楼昨夜又东风，故国不堪回首月明中。
雕栏玉砌应犹在，只是朱颜改。
问君能有几多愁？恰似一江春水向东流。

收获与感悟

江城子·密州出猎

[北宋] 苏轼

老夫聊发少年狂，左牵黄，右擎苍，锦帽貂裘，千骑卷平冈。
为报倾城随太守，亲射虎，看孙郎。
酒酣胸胆尚开张，鬓微霜，又何妨？
持节云中，何日遣冯唐？
会挽雕弓如满月，西北望，射天狼。

念奴娇·赤壁怀古

[北宋] 苏轼

大江东去，浪淘尽、千古风流人物。故垒西边，人道是、三国周郎赤壁。

乱石穿空，惊涛拍岸，卷起千堆雪。江山如画，一时多少豪杰。

遥想公瑾当年，小乔初嫁了，雄姿英发。

羽扇纶巾，谈笑间，樯橹灰飞烟灭。

故国神游，多情应笑我，早生华发。

人生如梦，一樽还酹江月。

收获与感悟

浣溪沙·一曲新词酒一杯

［北宋］晏殊

一曲新词酒一杯，去年天气旧亭台。

夕阳西下几时回？

无可奈何花落去，似曾相识燕归来。

小园香径独徘徊。

收获与感悟

渔家傲·秋思

[北宋] 范仲淹

塞下秋来风景异，衡阳雁去无留意。

四面边声连角起。千嶂里，长烟落日孤城闭。

浊酒一杯家万里，燕然未勒归无计。

羌管悠悠霜满地。人不寐，将军白发征夫泪。

收获与感悟

雨霖铃·寒蝉凄切

[北宋] 柳永

寒蝉凄切，对长亭晚，骤雨初歇。

都门帐饮无绪，留恋处，兰舟催发。

执手相看泪眼，竟无语凝噎。

念去去，千里烟波，暮霭沉沉楚天阔。

多情自古伤离别，更那堪冷落清秋节！

今宵酒醒何处？杨柳岸，晓风残月。

此去经年，应是良辰好景虚设。

便纵有千种风情，更与何人说？

收获与感悟

长相思·山一程

[清] 纳兰性德

山一程，水一程，身向榆关那畔行，夜深千帐灯。

风一更，雪一更，聒碎乡心梦不成，故园无此声。

收获与感悟

丑奴儿·书博山道中壁

[南宋] 辛弃疾

少年不识愁滋味，爱上层楼。

爱上层楼，为赋新词强说愁。

而今识尽愁滋味，欲说还休。

欲说还休，却道天凉好个秋。

收获与感悟

临江仙·圣主临轩亲策试

[北宋] 许将

圣主临轩亲策试，集英佳气葱葱。

鸣鞘声震未央宫。

卷帘龙影动，挥翰御烟浓。

上第归来何事好，迎人花面争红。

蓝袍香散六街风。

一鞭春色里，骄损玉花骢。

收获与感悟

武陵春·风住尘香花已尽

[南宋] 李清照

风住尘香花已尽，日晚倦梳头。

物是人非事事休，欲语泪先流。

闻说双溪春尚好，也拟泛轻舟。

只恐双溪舴艋舟，载不动许多愁。

收获与感悟

清代七绝

己亥杂诗·其五

[清] 龚自珍

浩荡离愁白日斜，吟鞭东指即天涯。

落红不是无情物，化作春泥更护花。

这首诗的含义主要体现在两个方面：一是抒发离京南返的愁绪；二是表示自己虽已辞官，但仍决心为国效力，流露出作者深沉丰富的思想感情。

村居

[清] 高鼎

草长莺飞二月天，拂堤杨柳醉春烟。

儿童散学归来早，忙趁东风放纸鸢。

这首诗写的是诗人居住农村时亲眼看到的景象。诗人勾画出了一幅生机勃勃、色彩缤纷的"乐春图"。全诗充满了生活情趣和诗情画意。

煎盐绝句

[清] 吴嘉纪

白头灶户低草房，六月煎盐烈火旁。

走出门前炎日里，偷闲一刻是乘凉。

这首诗所写的是烧盐工人生活和劳动的惨状。

收获与感悟

吴兴杂诗

[清] 阮元

交流四水抱城斜，散作千溪遍万家。

深处种菱浅种稻，不深不浅种荷花。

　　此诗以优美的语言描绘了江南水乡的美丽风光，给人以美的享受，更蕴涵着深刻的哲学思想。

所见

[清] 袁枚

牧童骑黄牛，歌声震林樾。

意欲捕鸣蝉，忽然闭口立。

这首诗通过描写自然环境和社会生活，直接抒发生活的感受，看似闲情逸致，实则寄托情思。诗人毕生追求的境界，正是他所一再强调的"真性情"。

狱中题壁

[清] 谭嗣同

望门投止思张俭，忍死须臾待杜根。

我自横刀向天笑，去留肝胆两昆仑。

这首诗表达了对避祸出亡的变法领袖的褒扬祝福，对阻挠变法的顽固势力的憎恶蔑视，同时也抒发了诗人愿为自己的理想而献身的壮烈情怀。

收获与感悟

新雷

[清] 张维屏

造物无言却有情，每于寒尽觉春生。

千红万紫安排著，只待新雷第一声。

诗人巧妙地运用了移情手法来描写冬尽春来时情绪的波澜。诗歌虽然短小，却隽永清新，为人传唱。

对酒

[清] 秋瑾

不惜千金买宝刀，貂裘换酒也堪豪。

一腔热血勤珍重，洒去犹能化碧涛。

　　秋瑾生活的时代，人们已经痛感到整个中国女性地位低下，这一时期涌现出一批豪侠刚烈之士，以夸张的男性化生活姿态向传统社会挑战。秋瑾身为女性，但她时时反抗命运加给自己的性别身份。

竹石

[清] 郑燮

咬定青山不放松，立根原在破岩中。

千磨万击还坚劲，任尔东西南北风。

　　这是一首托物言志的诗，托岩竹的坚忍顽强，言自己刚正不阿、正直不屈、铁骨铮铮的骨气。

收获与感悟

蝶恋花六首

"蝶恋花"是词牌的名称，分上下两阕，共 60 个字，一般用来填写多愁善感和缠绵悱恻的内容。自宋代以来，产生了不少以《蝶恋花》为词牌的优美辞章，如宋代欧阳修、苏轼、晏殊等人的《蝶恋花》，都是经久不衰的绝唱。

蝶恋花·庭院深深深几许

[北宋] 欧阳修

庭院深深深几许，杨柳堆烟，帘幕无重数。
玉勒雕鞍游冶处，楼高不见章台路。
雨横风狂三月暮，门掩黄昏，无计留春住。
泪眼问花花不语，乱红飞过秋千去。

在泪光莹莹之中，花如人，人如花，最后花、人莫辨，同样难以避免被抛掷遗弃而沦落的命运。

蝶恋花·泪湿罗衣脂粉满

[南宋] 李清照

泪湿罗衣脂粉满。四叠阳关，唱到千千遍。

人道山长山又断。萧萧微雨闻孤馆。

惜别伤离方寸乱。忘了临行，酒盏深和浅。

好把音书凭过雁。东莱不似蓬莱远。

　　东莱并不遥远，只要鱼雁频传、音讯常通，姊妹们还是如同在一起。这首词不仅仅表现了离情别绪，更表现了词人深挚感人的骨肉手足之情。

收获与感悟

蝶恋花·蝶懒莺慵春过半

[北宋] 苏轼

蝶懒莺慵春过半。花落狂风，小院残红满。

午醉未醒红日晚，黄昏帘幕无人卷。

云鬓鬅松眉黛浅。总是愁媒，欲诉谁消遣。

未信此情难系绊，杨花犹有东风管。

红日偏西，午醉未醒，光线渐暗，帘幕低垂。此情此景，分明使人感到主人公情懒意慵、神倦魂销。无一语言及伤春，而伤春意绪却宛然在目。

蝶恋花·槛菊愁烟兰泣露

[北宋] 晏殊

槛菊愁烟兰泣露，罗幕轻寒，燕子双飞去。

明月不谙离恨苦，斜光到晓穿朱户。

昨夜西风凋碧树，独上高楼，望尽天涯路。

欲寄彩笺兼尺素，山长水阔知何处。

景既萧索，人又孤独，几乎言尽的情况下，作者又出人意料地展现出一片无限广远寥廓的境界："独上高楼，望尽天涯路。"

收获与感悟

蝶恋花·海燕双来归画栋

〔北宋〕欧阳修

海燕双来归画栋。帘影无风，花影频移动。
半醉腾腾春睡重。绿鬟堆枕香云拥。
翠被双盘金缕凤。忆得前春，有个人人共。
花里黄莺时一弄。日斜惊起相思梦。

海燕成双，花影频动，春兴微熏，忆往昔，怎能不起相思情？

蝶恋花·暖雨晴风初破冻

〔南宋〕李清照

暖雨晴风初破冻，柳眼梅腮，已觉春心动。
酒意诗情谁与共？泪融残粉花钿重。
乍试夹衫金缕缝，山枕斜欹，枕损钗头凤。
独抱浓愁无好梦，夜阑犹剪灯花弄。

词人不出户观赏春景，是因怕良辰美景触引伤感之情，这表明其心境郁闷、慵懒至极。

收获与感悟

至简水墨画，至美古诗词

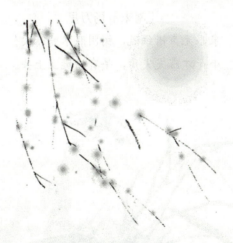

清平乐·金风细细

[北宋] 晏殊

金风细细，叶叶梧桐坠。

绿酒初尝人易醉，一枕小窗浓睡。
紫薇朱槿花残，斜阳却照阑干。
双燕欲归时节，银屏昨夜微寒。

　　这首词语言清丽、风格和婉，只从景物的变易和主人公细微的感觉着笔，而不正面写情，读来却使人品味到句句寓情、字字含愁。词人以精细的笔触，描写细细的秋风、衰残的紫薇和木槿，以及斜阳照耀下的庭院等意象，通过主人公在精致的小轩窗下目睹双燕归去、感到银屏微寒这一情景，营造了一种冷清索寞的意境，这一意境中抒发了词人淡淡的忧伤。

小池

[南宋] 杨万里
泉眼无声惜细流，树阴照水爱晴柔。
小荷才露尖尖角，早有蜻蜓立上头。

　　这首诗描写一个泉眼、一道细流、一池树阴、几支小小的荷叶、一只小小的蜻蜓，构成一幅生动的小池风物图，表现了大自然中万物之间亲密和谐的关系。

收获与感悟

浣溪沙·雨过残红湿未飞

[北宋] 周邦彦

雨过残红湿未飞，疏篱一带透斜晖，游蜂酿蜜窃香归。

金屋无人风竹乱，衣篝尽日水沈微，一春须有忆人时。

　　春天过去了，花凋残了，游蜂也开始酿蜜了。沉香也快燃完了，寂寞地困守金屋的少妇也该是怀人的时候了。结句轻轻点明怀人，如画龙点睛，使全篇皆活了，这是作者用笔的妙处。

收获与感悟

惠崇春江晚景

[北宋] 苏轼

竹外桃花三两枝，春江水暖鸭先知。
蒌蒿满地芦芽短，正是河豚欲上时。
两两归鸿欲破群，依依还似北归人。
遥知朔漠多风雪，更待江南半月春。

这首题画诗既保留了画面的形象美，也发挥了诗的长处。诗人用他饶有风味、虚实相间的笔墨，将原画所描绘的春色展现得令人神往。在根据画面进行描写的同时，苏轼又有新的构思，从而使得画中的优美形象更富有诗的感情和引人入胜的意境。

枫桥夜泊

[唐] 张继

月落乌啼霜满天，江枫渔火对愁眠。
姑苏城外寒山寺，夜半钟声到客船。

这首诗采用倒叙的写法，先写拂晓时的景物，然后追忆昨夜的景色及夜半钟声，全诗有声有色，有情有景，情景交融。

收获与感悟

画鹰

［唐］杜甫

素练风霜起，苍鹰画作殊。

竦身思狡兔，侧目似愁胡。

绦镟光堪摘，轩楹势可呼。

何当击凡鸟，毛血洒平芜。

诗人作这首诗时正当年少，富于理想，也过着"快意"的生活，充满着青春活力，富有积极进取之心。诗人通过对画鹰的描绘，抒发了他那疾恶如仇的激情和凌云的壮志。

收获与感悟

在古诗词里走过十二个月

一月"爆竹声中一岁除,春风送暖入屠苏";二月"草长莺飞二月天,拂堤杨柳醉春烟";三月"故人西辞黄鹤楼,烟花三月下扬州";四月"人间四月芳菲尽,山寺桃花始盛开"……看古人笔下旧历十二个月的世情、美景,生活时时处处都充满惊喜。

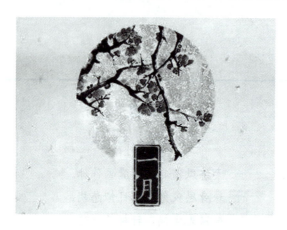

元日

[北宋] 王安石

爆竹声中一岁除,春风送暖入屠苏。
千门万户曈曈日,总把新桃换旧符。

宴城东庄

[唐] 崔惠童

一月主人笑几回,相逢相识且衔杯。
眼看春色如流水,今日残花昨日开。

青玉案·元夕

[南宋] 辛弃疾

东风夜放花千树。
更吹落、星如雨。
宝马雕车香满路。
凤箫声动,玉壶光转,一夜鱼龙舞。

蛾儿雪柳黄金缕。

笑语盈盈暗香去。

众里寻他千百度，

蓦然回首，那人却在，灯火阑珊处。

收获与感悟

二月二日

[唐] 李商隐

二月二日江上行，东风日暖闻吹笙。

花须柳眼各无赖，紫蝶黄蜂俱有情。

万里忆归元亮井，三年从事亚夫营。

新滩莫悟游人意，更作风檐夜雨声。

咏柳

[唐] 贺知章

碧玉妆成一树高，

万条垂下绿丝绦。

不知细叶谁裁出，

二月春风似剪刀。

收获与感悟

征人归乡

[唐] 戎昱

三月江城柳絮飞，五年游客送人归。

故将别泪和乡泪，今日阑干湿汝衣。

黄鹤楼送孟浩然之广陵

［唐］李白

故人西辞黄鹤楼，烟花三月下扬州。

孤帆远影碧空尽，唯见长江天际流。

收获与感悟

清明

［唐］杜牧

清明时节雨纷纷，路上行人欲断魂。

借问酒家何处有，牧童遥指杏花村。

大林寺桃花

［唐］白居易

人间四月芳菲尽，山寺桃花始盛开。

长恨春归无觅处，不知转入此中来。

收获与感悟

渔家傲·五月榴花妖艳烘

［北宋］欧阳修

五月榴花妖艳烘，绿杨带雨垂垂重，五色新丝缠角粽。
金盘送，生绡画扇盘双凤。
正是浴兰时节动，菖蒲酒美清尊共，叶里黄鹂时一弄。
犹瞢忪，等闲惊破纱窗梦。

题榴花

［唐］韩愈

五月榴花照眼明，枝间时见子初成。
可怜此地无车马，颠倒青苔落绛英。

收获与感悟

晓出净慈寺送林子方

[南宋] 杨万里

毕竟西湖六月中，风光不与四时同。

接天莲叶无穷碧，映日荷花别样红。

渔家傲

[北宋] 欧阳修

六月炎天时霎雨，行云涌出奇峰露。沼上嫩莲腰束素。

风兼露，梁王宫阙无烦暑。

畏日亭亭残蕙炷，傍帘乳燕双飞去。碧碗敲冰倾玉处。

朝与暮，故人风快凉轻度。

收获与感悟

七月闺情

[唐] 袁晖

七月坐凉宵，金波满丽谯。
容华芳意改，枕席怨情饶。
锦字沾愁泪，罗裙缓细腰。
不如银汉女，岁岁鹊成桥。

七月六日二首

[北宋] 张耒

雨洗秋城碧玉天，暮云吹尽月娟娟。
寂寥谁是清宵伴，只有姮娥最可怜。

收获与感悟

八月十五日夜湓亭望月

［唐］白居易

昔年八月十五夜，曲江池畔杏园边。
今年八月十五夜，湓浦沙头水馆前。
西北望乡何处是，东南见月几回圆。
昨风一吹无人会，今夜清光似往年。

望洞庭湖赠张丞相

［唐］孟浩然

八月湖水平，涵虚混太清。
气蒸云梦泽，波撼岳阳城。
欲济无舟楫，端居耻圣明。
坐观垂钓者，徒有羡鱼情。

收获与感悟

暮江吟

〔唐〕白居易

一道残阳铺水中，半江瑟瑟半江红。

可怜九月初三夜，露似珍珠月似弓。

菊花

〔唐〕黄巢

待到秋来九月八，我花开后百花杀。

冲天香阵透长安，满城尽带黄金甲。

收获与感悟

冬十月

[东汉] 曹操

孟冬十月，北风徘徊，
天气肃清，繁霜霏霏。
鹍鸡晨鸣，鸿雁南飞，
鸷鸟潜藏，熊罴窟栖。
钱镈停置，农收积场。
逆旅整设，以通贾商。
幸甚至哉！歌以咏志。

十月十日立冬

[南宋] 周南

立冬前一夕，聒地起寒风。
律吕看交会，衣裳出褚中。
骭疡时作痒，怀抱岁将终。
汗手污牙笔，晴檐共秃翁。

收获与感悟

91

冬至宿杨梅馆

［唐］白居易

十一月中长至夜，三千里外远行人。
若为独宿杨梅馆？冷枕单床一病身。

十一月四日风雨大作

［南宋］陆游

风卷江湖雨暗村，四山声作海涛翻。
溪柴火软蛮毡暖，我与狸奴不出门。

僵卧孤村不自哀，尚思为国戍轮台。
夜阑卧听风吹雨，铁马冰河入梦来。

收获与感悟

十二月十五夜

［清］袁枚

沉沉更鼓急，渐渐人声绝。
吹灯窗更明，月照一天雪。

守岁

［北宋］苏轼

欲知垂尽岁，有似赴壑蛇。
修鳞半已没，去意谁能遮。
况欲系其尾，虽勤知奈何。
儿童强不睡，相守夜欢哗。
晨鸡且勿唱，更鼓畏添挝。
坐久灯烬落，起看北斗斜。
明年岂无年，心事恐蹉跎。
努力尽今夕，少年犹可夸。

收获与感悟

锦瑟年华

　　锦瑟是瑟的美称。瑟，古代弹弦乐器，历史久远，古代乡饮酒礼、乡射礼、燕礼中，都用瑟伴奏唱歌。后因李商隐《锦瑟》一诗，用作锦瑟年华。良辰美景，饮酒唱歌，任是再潇洒的诗人也会担心年华逝去，壮志不在。

锦瑟

[唐] 李商隐

锦瑟无端五十弦，一弦一柱思华年。
庄生晓梦迷蝴蝶，望帝春心托杜鹃。
沧海月明珠有泪，蓝田日暖玉生烟。
此情可待成追忆，只是当时已惘然。

青玉案·凌波不过横塘路

[北宋] 贺铸

凌波不过横塘路，
但目送、芳尘去。

锦瑟华年谁与度。
月桥花院，琐窗朱户。
只有春知处。
飞云冉冉蘅皋暮，
彩笔新题断肠句。
试问闲情都几许。
一川烟草，满城风絮。
梅子黄时雨。

浣溪沙·银字笙箫小小童

［北宋］毛滂
银字笙箫小小童。
梁州吹过柳桥风。
阿谁劝我玉杯空。
小醉径须眠锦瑟，
夜归不用照纱笼。
画船帘卷月明中。

虞美人·绿阴初过黄梅雨

[南宋] 叶梦得

绿阴初过黄梅雨。

隔叶闻莺语。

睡余谁遣夕阳斜。

时有微凉风动、入窗纱。

天涯走遍终何有。

白发空搔首。

未须锦瑟怨年华。

为寄一声长笛、怨梅花。

浪淘沙·趁拍舞初筵

[南宋] 仲并

趁拍舞初筵。

柳袅春烟。

街头桃李莫争妍。

家本凤楼高处住,

锦瑟华年。

不用抹繁弦。

歌韵天然。

天教独立百花前。

但愿人如天上月,

三五团圆。

收获与感悟

抒发理想抱负的诗词

武威送刘判官赴碛西行军

［唐］岑参

火山五月行人少，看君马去疾如鸟。

都护行营太白西，角声一动胡天晓。

【译文】五月的火焰山行人稀少，看着您骑马迅疾如飞鸟。都护军营在太白星西边，一声号角就把胡天惊晓。

金错刀行

［南宋］陆游

黄金错刀白玉装，夜穿窗扉出光芒。丈夫五十功未立，提刀独立顾八荒。

京华结交尽奇士，意气相期共生死。千年史册耻无名，一片丹心报天子。

尔来从军天汉滨，南山晓雪玉嶙峋。呜呼！楚虽三户能亡秦，岂有堂堂中国空无人。

【译文】用黄金镀饰、白玉镶嵌的宝刀在夜间发出的耀眼光芒，穿透窗户，直冲云霄。大丈夫已到了五十岁，可建功立业的希望仍渺茫，只能独自提刀徘徊，环顾着四面八方，祈求能一展抱负，小试牛刀。我在京城里结交的都是些豪杰义士，彼此意气相投，相约为国战斗、同生共死。不能在流传千年的史册上留名，我感到羞耻，但一颗丹心始终想消灭胡虏，报效天子。近来，我来到汉水边从军，每天早晨都对着参差耸立的终南山，遥望着布满晶莹似玉般积雪的峰峦。啊，楚国虽然被秦国蚕食，但即使只剩下三户人家，也一定能消灭秦国，难道我堂堂大国，竟会没有一个人能把金虏赶出边关？

收获与感悟

永遇乐·京口北固亭怀古

[南宋] 辛弃疾

千古江山，英雄无觅，孙仲谋处。舞榭歌台，风流总被，雨打风吹去。

斜阳草树，寻常巷陌，人道寄奴曾住。想当年，金戈铁马，气吞万里如虎。

元嘉草草，封狼居胥，赢得仓皇北顾。四十三年，望中犹记，烽火扬州路。

可堪回首，佛狸祠下，一片神鸦社鼓。凭谁问，廉颇老矣，尚能饭否？

【译文】历经千古的江山，再也难找到像孙权那样的英雄。当年的舞榭歌台还在，英雄人物却随着岁月的流逝早已不复存在。斜阳照着长满草树的普通小巷，人们说那是当年刘裕曾经住过的地方。

回想当年，他领军北伐、收复失地的时候是何等威猛！

然而刘裕的儿子刘义隆好大喜功，仓促北伐，反而让北魏太武帝拓跋焘乘机挥师南下，兵抵长江北岸而返。我回到南方已经有四十三年了，看着中原仍然记得扬州路上烽火连天的战乱场景。怎么能回首啊，当年拓跋焘的行宫外竟有百姓在那里祭祀，乌鸦啄食祭品，人们过着社日，只把他当作一位神祇来供奉，而不知道这里曾是一个皇帝的行宫。还有谁会问，廉颇老了，饭量还好吗？

秋夜将晓出篱门迎凉有感

[南宋] 陆游

三万里河东人海，五千仞岳上摩天。

遗民泪尽胡尘里，南望王师又一年。

【译文】

三万里长的黄河奔腾向东流入大海，五千仞高的华山耸入云霄上青天。中原人民在胡人压迫下眼泪已流尽，他们盼望王师北伐盼了一年又一年。

收获与感悟

诉衷情·当年万里觅封侯

〔南宋〕陆游

当年万里觅封侯，匹马戍梁州。关河梦断何处，尘暗旧貂裘。
胡未灭，鬓先秋，泪空流。此生谁料，心在天山，身老沧洲。

【译文】回忆当年鹏程万里，为了寻找建功立业的机会，单枪匹马奔赴边境保卫梁州。如今防守边疆要塞的从军生活只能在梦中出现，梦一醒不知身在何处？灰尘已经盖满了旧时出征的貂裘。敌兵还未消灭，自己的双鬓早已白如秋霜，只能凭忧国的眼泪白白地流淌。谁能料我这一生，心始终在前线抗敌，人却老死在沧洲。

黄海舟中日人索句并见日俄战争地图

秋瑾

万里乘云去复来，只身东海挟春雷。
忍看图画移颜色，肯使江山付劫灰。
浊酒不销忧国泪，救时应仗出群才。
拼将十万头颅血，须把乾坤力挽回。

【译文】千万里的远途，我好像腾云驾雾一样去了又回来，我独自一人伴随着滚滚春雷穿越东海往返。真不忍心看到祖国地图变成别国的领土，即便让锦绣江山变成万劫不复

的飞灰也在所不惜。那浑浊的酒啊，哪里能排解我忧心国事所抛洒的热泪，国家的救亡图存靠的是大家群策群力。就算是拼得十万将士抛头颅洒热血，也要让这颠倒的乾坤大地拼力挽救回正轨。

元旦口占用柳亚子怀人韵

董必武

共庆新年笑语哗，红岩士女赠梅花。
举杯互敬屠苏酒，散席分尝胜利茶。
只有精忠能报国，更无乐土可为家。
陪都歌舞迎佳节，遥祝延安景物华。

【译文】大家聚集在一起共同庆祝新年的到来，笑语喧哗，十分热闹，红岩村的年青同志送来梅花，更增添了节日气氛。

大家在一起举杯互相敬酒，表达着新年的祝愿，散席后众人意犹未尽，又一起品尝这胜利茶，谈论当今时事。

只有精忠才能报答祖国，如今祖国正遭外侮，烽烟遍地，没有地方去寻求一家安乐。

我们在陪都重庆载歌载舞地欢庆新年，但不要忘了延安，让我们遥祝延安解放区繁荣昌盛。

收获与感悟

怡然自得的诗

归园田居·其三

[东晋] 陶渊明

种豆南山下，草盛豆苗稀。晨兴理荒秽，带月荷锄归。
道狭草木长，夕露沾我衣。衣沾不足惜，但使愿无违。

【译文】我在南山下种豆，杂草茂盛豆苗稀少。早晨起来到地里清除杂草，傍晚顶着月色扛着锄头回家。道路狭窄草木丛生，傍晚的露水沾湿了我的衣服。衣服沾湿了并没有什么可惜的，只要不违背自己的意愿就行了。

收获与感悟

四时田园杂兴·其一

［南宋］范成大

梅子金黄杏子肥，麦花雪白菜花稀。

日长篱落无人过，惟有蜻蜓蛱蝶飞。

【译文】一树树梅子变得金黄，杏子也越长越大了；荞麦花一片雪白，油菜花倒显得稀稀落落。白天长了，篱笆的影子随着太阳的升高变得越来越短。没有人经过只有蜻蜓和菜粉蝶绕着篱笆飞来飞去。

滁州西涧

［唐］韦应物

独怜幽草涧边生，上有黄鹂深树鸣。

春潮带雨晚来急，野渡无人舟自横。

【译文】我怜爱生长在涧边的幽草，涧上有黄鹂在深林中啼叫。春潮伴着夜雨急急地涌来，渡口无人，船只随波浪横漂。

游山西村

［南宋］陆游

莫笑农家腊酒浑，丰年留客足鸡豚。

山重水复疑无路，柳暗花明又一村。

箫鼓追随春社近，衣冠简朴古风存。

从今若许闲乘月，拄杖无时夜叩门。

【译文】不要笑话农家腊月做的酒浑浊，丰收之年待客仍有丰富的菜肴。走出农家，山重水转似乎迷了路，绿柳成荫，繁花耀眼，眼前又出现一个山村。吹箫击鼓家家忙着祭祀土地神，衣帽简朴传统风俗流传到今朝。今后倘能乘着月色外出去闲游，我一定拄着拐杖敲门走进邻家。

收获与感悟

饮酒

[东晋] 陶渊明

结庐在人境，而无车马喧。
问君何能尔？心远地自偏。
采菊东篱下，悠然见南山。
山气日夕佳，飞鸟相与还。
此中有真意，欲辨已忘言。

【译文】居住在人世间，却没有车马的喧闹。问我们能如此，只要心存高远，自然就会觉得所处地方僻静了。在东篱之下采摘菊花，悠然间，那远处的南山映入眼帘。山中的气息与傍晚的景色十分好，有飞鸟结伴归来。这里蕴含着人生的意义，想要辨识，却不知怎样表达。

泊船瓜洲

[北宋]王安石

京口瓜洲一水间，
钟山只隔数重山。
春风又绿江南岸，
明月何时照我还？

【译文】春日夜里，行船停泊在瓜洲岸边，我隔江遥望对岸的京口，心里想：这里与我居住的钟山也就只隔着几座大山，和煦的春风吹绿了长江南岸的草木，而我何时才能在皎洁的月光照耀下返回我得家乡呢？

鹿柴

[唐]王维

空山不见人，但闻人语响。
返影入深林，复照青苔上。

【译文】山中空空荡荡不见人影，只听得喧哗的人语声响。夕阳的金光射入深林中，青苔上映着昏黄的微光。

收获与感悟

心若静，风奈何

心静了，才能听见自己的心声；心清了，才能照见万物的本性。不甘放下的，往往不是值得珍惜的；苦苦追逐的，往往不是生命需要的。人生的脚步常常走得太匆忙，所以我们要学会，停下来笑看风云，坐下来静赏花开，沉下来平静如海，定下来静观自在。心境平静无澜，万物自然得映，心灵静极而定，刹那便是永恒。

一把陈壶，装上二月的新绿，岁月的炉火，烹煮云水生涯，日子在茶中，过得波澜不惊。桃花酿酒，春水煎茶，多么诗意，多么风雅。我真的不忍心告诉你，我人生的杯盏里，淌着的永远是一杯无味的白水。

世间本无如来，心中有则有，心中无则无。一花一天堂，一草一世界；一树一菩提，一土一如来；一方一净土，一笑一尘缘；一念一清净，心是莲花开。佛，无处有，佛，又无处不在。心中若有美，处处莲花开。水不洗水，尘不染尘。

人生不可能一尘不染，没有一点杂质，就像水清则无鱼。人生有一点点甜，也有一点点苦，有一点点好，也有一点点坏，有一点点希望，也有一点点无奈，生活才会更生动、更美好、更韵味悠长。再好的人也不会十全十美，再美好的爱情也不可能纤尘不染，你若试着包容，就会发现这个世界并不像你以为的那样糟糕。

别让人生，输给了心情。心情不是人生的全部，却能左右人生的全部。心情好，什么都好，心情不好，一切都乱了。我们常常不是输给了别人，而是坏心情贬低了我们的形象，降低了我们的能力，扰乱了我们的思维，从而输给了自己。控制好心情，生活才会处处祥和。好的心态塑造好心情，好心情塑造最出色的你。

静静的过自己的生活，心若不动，风又奈何。你若不伤，岁月无恙。

心灵朴素，犹如兰生幽谷，不香自香

大钢琴家霍洛维茨说："我用了一生的努力，才明白朴素原来最有力量。"霍洛维茨的演奏节制，没有任何花哨与噱头。他手下的乐音宛如从心里流出来，没有多余的动作和表情。霍洛维茨着装普通，神态像儿童。

作为好的艺术家，其朴素何止于衣衫，更多在心灵。心灵朴素，犹如兰生幽谷，不香自香。追求朴素近于追求真理。因为真理朴素。它如此本真地显露自我，而无须在自我之外再加修饰或解释。河水、青草、太阳和月亮都没有包装，都可以用朴素或真理命名。

所谓包装，很多时候是心虚的表现。包装不光指衣衫华丽，那些气势磅礴的人、拍胸脯的人、弹钢琴带出杂耍动作的人，都在包装自己。他们都力图以外在的修饰弥补内在的不足。他们唯恐别人不信，用豪言大话、花言巧语劝别人信，别人反起疑心。

朴素是定力，是耐力，是恒心。也可说大美隐内，不求外露。此处之"隐"与"稳"字接近，急不得。肚子有货，心里有数，不必借助各种花样。此态近于平静，朴素和平静本是孪生兄弟。它们都美。

美学家宗白华说中国文学大体上分为两路：一路是金派，咄咄逼人，急功近利，转瞬即逝；一路是玉派，含蓄蕴藉，谦冲雅静，尽得风流。宗白华说，庄子、苏轼的诗文，俱是玉质文章。

玉者，有光却抑光，别人看得见温润，看不到耀眼。这是君子的味道——既有才华，又有包藏。此味可进可退，可朝可野，可收可放，近于中和之美。中，说的是中庸，不偏不倚。和，说的是和洽，凡事不勉强。

朴素平静，玉质文章与中和之美，都在讲内在与外在的统一，所谓朴素，是说内在更重要。用古人的话讲，叫"质胜于文"。

道德经说："人法地，地法天，天法道，道法自然。"我们从中得知，人的老师首先是大地，最终归于自然。大地朴素而生长万物，卑下而养育众生。世间只有人做过不自然的事，大地从来不搞不自然的名堂。

所谓得道，说的是一个人不管做事还是做人，最高境界无非像大自然一样——自然而然。

向水学习

我们做人应该向水学习，因为水具备人类值得学习的八种特质，分别为清净、透明、恒顺、原则、谦逊、包容、调和和毅力。

一、清净

水的本质是清净，人的本质也是清净的。水犹如我们的清净心，烦恼污垢的沙石本来就未曾污染过水的本身。

二、透明

水具备透明的特质，心的本质也是透明与光明。犹如镜面能映照万物，水晶能折射各色光芒。

三、恒顺

水随顺不同的器皿显现为不同的形态，遇方则方，遇圆则圆。修正道德的人也如此，遇到善人时以善的方法来引导，遇到恶人时以恶人接受的方式来度化。

四、原则

水虽然遇方则方，遇圆则圆，但却不会变成器皿，不会改变水自身的本质。同样的道理，修正道德的人能恒顺一切众生，但绝不会改变自己的原则；无论水处于任何形态：固体、气体或液体，水的本质绝不会被改变，同样的，无论我们处于顺境还是逆境，永远不变的是佛法的真理。

五、谦逊

水虽然是生命之根，诸宝之源，但经常往低处流，在最低处汇集。同样的道理，具有修正道德的人也常常会低调和谦逊。越有修养之人，越会低调；越有内涵之人，越会谦虚。因谦虚好学而成为有内涵的人。就像成熟的麦穗低着头，而空麦穗却昂着首。

六、包容

水遇到阻挡物并不会针锋相对，而是绕道而流。包容和宽恕的人就像水一样，既不计较，也不争论。以善巧智慧，不伤害众生的方式来完成自己的目标。

七、调和

万物因水的存在而汇聚融合。譬如石灰石、黏土和铁矿粉是三种不同的事物，因为水的调和而融合为水泥。由于水的存在，它们三种才有可能按比例调和而成。同样的道理，由于爱心的存在，才有可能人与人之间、人与动物之间、人与社会之间、人与大自然之间和谐相处、充满和平。

八、毅力

水具备非常大的毅力，每一个滴水滴到坚毅的石头上的时候，久而久之连石头都穿透，这就是所谓的滴水穿石。我们人类也应该有毅力，做任何事情时候，无论如何，要做到坚持，并成功为止。

收获与感悟

最美的文字，最美的雪

天公翦水，宇宙飘花，
品之，有四美焉：
落地无声，静也；
沾衣不染，洁也；
高下平均，匀也；
洞窗掩映，明也。

——佚名《闲赏》节选

遍地撒琼瑶，舞长空，蝶翅飘。

白茫茫占断蓝关道。

银铺小桥，玉妆破窑。

望江天，满园梨花耀。

剪鹅毛，山童来报，压折老梅梢。

——［清］郑板桥《咏雪》

这首诗未提一雪字，却处处写雪，让人不禁心向往之。

青山原不老，为雪白头；

绿水本无忧，因风皱面。

——［清］李文甫"对联"

清人李文甫，少时随老师出游，师指积雪山峰出上联相试，李低头沉思，见一池碧水被风吹皱，悟出下联。

113

雪，花片，玉屑。

结阴风，凝暮节。

高岭虚晶，平原广洁。

初从云外飘，还向空中噎。

千门万户皆静，兽炭皮裘自热。

此时双舞洛阳人，谁悟郢中歌断绝。

——［唐］张南史《雪》

四林皆雪，

登眺时见絮起风中，

千峰堆玉，鸦翻城角，万壑铺银。

无树飘花，片片绘子瞻之壁；

不妆散粉，点点糁原宪之羹。

飞霰入林，回风折竹，

徘徊凝览，以发奇思。

——《小窗幽记》节选

飞雪有声，惟在竹间最雅。

山窗寒夜，时听雪洒竹林，

淅沥萧萧，连翩瑟瑟，

声韵悠然，逸我清听。

忽尔回风交急，折竹一声，

使我寒毡增冷。

暗想金屋人欢，玉笙声醉，

恐此非尔所欢。

——［明］高濂《山窗听雪敲竹》

谁剪轻琼做物华。

春绕天涯，水绕天涯。

园林晓树恁横斜。

道是梅花，不是梅花。

宿鹭联拳倚断槎。

昨夜寒些，今夜寒些。

孤舟蓑笠钓烟沙。

待不思家，怎不思家！

——［宋］方岳《一剪梅》

收获与感悟

腹有诗书气自华

读书人身上有一种与众不同的书卷气，那种书卷气雅雅的、淡淡的，总是于不经意间表现在举手投足中，又带着那么一点点的清高和超凡脱俗，让人仿佛欣赏一道清丽的小溪，很是赏心悦目。

读书多了，容颜自然改变，许多时候，自己可能以为许多看过的书籍都成了过眼云烟，不复记忆，其实他们仍是潜在的。在气质里，在谈吐上，在胸襟的无涯，当然也可能显露在生活和文字里。

——三毛《送你一匹马》

读书，可以把人类数千年，数万年的生命时空纳入到个体的生命时空中，使之升华、凝练。当人潜心读书时，缜密的逻辑，活跃的思维，丰富的想象，或喜或悲的心情便会拥着自己，你会不知不觉被感染，被融入。

我喜欢爱读书的女人。

书不是胭脂，却会使女人心颜常驻。

书不是棍棒，却会使女人铿锵有力。

书不是羽毛，却会使女人飞翔。

书不是万能的，却会使女人千变万化。

——毕淑敏《我所喜欢的女子》

如果要了解某个人，可以从他的文章中感知他的内心世界，感受他的喜怒哀乐；如果要掌握某方面的知识，可以从相应的文章中获取知识信息。

读书使人得到一种优雅和风味，

这就是读书的整个目的，

而只有抱着这种目的的读书才可以叫做艺术。

一人读书的目的并不是要"改进心智"，

因为当他开始想要改进心智的时候，

一切读书的乐趣便丧失净尽了。

——林语堂《生活的艺术》

知识既不能遗传，也不能赠予，更不能复制和购买，它是一步一个脚印的累积，是坚持不懈的努力。

有时间读书，有时间又有书读，这是幸福；

没有时间读书，有时间又没书读，这是苦恼。

——莫耶

累的时候读书，全身都感到无比的舒畅；烦恼苦闷的时候读书，发现自己就好像在与自己的灵魂对话，慢慢把烦恼消散在墨香中。与书为伴，哪怕寂寞孤独也变成一种美丽。

一个爱书的人，

他必定不至于缺少一个忠实的朋友，

一个良好的老师，

一个可爱的伴侣，

一个温情的安慰者。

——巴罗

气质不是你穿多么名贵的衣服，吃多么高档的晚餐可以表现出来的，它隐藏在你身上的每一个角落，是一种由内而外散发出来的感觉，让你在不经意间变得举止优雅、谈吐温驯，给人一种好感，胜过穿火辣的衣服赤裸出的性感。

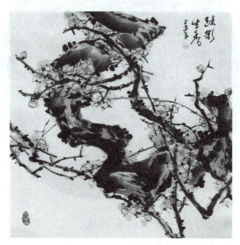

我一生的嗜好，

除了革命之外，

就是读书，

我一天不读书，

就不能够生活。

——孙中山

喜爱读书，书能给人好的思想和智慧，好书使人更淡定更自信、更加地完善自我。每当夜晚的时候，在安静的环境中，书就是一位朋友，在默默地陪伴着你，启迪思想，开启智慧，读一本好书，读一篇好文章，就是和许多好的朋友在谈心交流。

当我们第一遍读一本好书的时候，

我们仿佛觉得找到了一个朋友；

当我们再一次读这本好书的时候，

仿佛又和老朋友重逢。

——伏尔泰

从古代的李清照、王昭君，到近代的张爱玲，林徽因，到现代的诸多……春花开，叶又绿，潺水流，鹊低语，色彩斑斓了这个世界，鸟语花香了这个季节，于自然的景致中，一切都是那么诗情画意、和谐美好。

读书的意义是使人虚心，

较通达，不固陋，不偏执。

——林语堂

赏秦时的明月，拂唐代的文风，墨溅素笺，挥写的，是一段历史，诠释的，是一份心境；用一颗不断进取之心，获得的，是一份知识，感悟的，是一份精华；沉淀的，是一颗浮躁心灵，净化的，是一种思想，升华的，是一种脱俗气质。

阅读的最大理由是想摆脱平庸，

早一天就多一份人生的精彩；

迟一天就多一天平庸的困扰。

——余秋雨

读书，不求上知天文，下知地理，但求诗书入胸，气度高华，用阅读来浇灌自己的灵魂，用阅读来提高自己的品位，品书如人，品人如书，书如你，幽香；你如书，深沉。

收获与感悟

时光深处有静好

时光滚滚，如大浪淘沙。静静感受着岁月从身旁溜走的声音，心亦多了一份从容与眷顾。茫茫人海里，多少回顾绕指成烟，渺渺茫茫难追寻。窗外，一袖云，一川山，再回首时，过客已去千里外。

青阶台痕堆满旧年月，清风小楼昨夜谁无眠。流年里，那一袭繁华，繁不过一盏芽色的茶汤。鲜衣怒马的年华，一路逶迤，生动了被时光烹煮的岁月。

云飘过屋檐，那一枚风月，落在了谁的眉间，留一袭浅痕。醉一壶，那个春天三月的杏花酒。匆匆间，锁住了谁一生落花般的轻愁？执手经年，念，早已入眉，扫一地桑麻，谁是谁前世的相约，谁做了谁最后的风景。

百尺素，在笙箫之外。着一缕墨色，渡一池青花，相看两相知。锦瑟成弦，落墨一份尘缘，甘愿在一盏芽色的茶汤里，弹尽那份转山转水的情意。

凡尘若梦，一袭红衣，染尽流芳，温柔了谁的流年？青石板的烟雨，不曾停歇，绽开一路桃花灼灼。待繁华落尽，谁愿用一生菩提光阴，做菩萨的那朵莲？从晨钟到暮鼓，从春夏到秋冬，从相约到白头，执笔，画心。云在指尖，爱在眉弯。

穿过千年的风霜，被时光带走的那一盏渔火，休憩在靠岸的旧船旁。断肠人，在天涯。而我，隔着千年涛声，分明听见古寺的钟声又起，声声入耳，丝丝禅意。四月天的美丽，不曾老了爱情的执着。一诺千年，谁是你今生轮回的执着？一份尘缘，是今生无法更改的宿命。四季的明媚里，倾洒着细碎的温柔。岁月，那样幽深，无论今夕何夕，只要心中有一份不变的信仰与牵念，便是静好的岁月。

别去，那些易安般只恐双溪舴艋舟，也载不动的轻愁，缓步梵音袅袅，让自己安静，如莲。别去，被我们走成斑驳如墙，欲语还休的惆怅，安坐蒲团听木鱼声声，闭目，诵经。岁月无恙，春风浩荡，我于阳光中盈盈浅笑，任凭长发飞扬，任凭衣袂飘飘，任凭自己在此刻做了佛前的那朵莲，不染尘埃，不惹纷扰。

晚来欲雪，屋内海棠依旧。轻轻翻开时光中的岸上柳烟，花香未散，记起去年今日此门中，那一场春暖花开的旧约。青梅还在，竹马去了哪里？折一枝昨日阑珊，让那些枯萎的残垣往事重新来一次盛放。千里奔波，你可曾用绝尘不染，封住一颗初心，不改？记忆里，一声一声轻唤，瘦成一缕枝头的枯黄，在等待，来年的春风拂过，依旧开出一片绿色的海。

那些只如初见的温柔，在荒草寂寂的巷口缠绵。四季更迭的春夏秋冬，马不停蹄地行走在时间的无涯。而我们，就在一窗青山、一袖云的时光里，泡一盏芽色的茶汤，聆雪，沐风，淋雨，和某个归人，共话西窗。

原来，时光深处，有静好。那一场与三月的邂逅，总要开出桃花的鲜艳。一首用花香写就的诗行，总会熏暖每一个时光，沧桑的罅隙。

轻轻推开半掩的门扉，南方以南，是经年收藏三月的雨滴在淅淅沥沥；北方以北，是踏雪寻梅时弄香满衣的缱绻不问归途。荏苒中的缠缠绵绵，终究被岁月沧桑，而山河依旧安然无恙。

素素挽起的长发，曾妖娆了谁的三千落落寡欢？青梅安寂，曾经温婉了谁的竹马？陌上，飞花如梦，过客匆匆，我们都成了时间的过客。桃花谢了春红之后，弹欲弦断，只盛

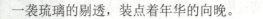

一袭琉璃的剔透，装点着年华的向晚。

凌乱的步伐与随意的笔墨，匆匆着一季又一季的美丽。夕阳和晚风，贴着黄昏的余温，落墨成指间青花。流年的梗上，平铺着我们虚度的光阴。捡拾起被青春支离的琐碎，看着春天在一念之间花开向暖，心亦在瞬间明了。

回首往事，匆匆又匆匆，已是千年烟岚。阑珊处，可有人看见那一个执着的身影泪葬落花？红尘里，绵绵不绝的轮回，可有人为你停留，伴你枯灯岁月？清心未老，拾一地桑麻，茶汤里，赌一盏永远。一缕梵音，吟诵着我们的前世今生。

时光无言，一直在走，我们亦曾未停歇。那些打马而

过的残垣断壁，是静好，是情深缘浅，是只如初见，亦是永远！如果，有一天，昔日的缱绻，在渐行渐远的光阴里，酝酿成一株荷的芬芳。那些爱恨悲怨的过往，会不会被经年以后的鸿雁一带而过？终究，我们需要学会在一剪突如其来的寒冷中，学会浅浅一笑，给自己一份安恬，给岁月一份从容。从此，依着时光的慈悲与静好，在心中种一株菩提，听佛说禅，淡淡修行。

收获与感悟

风雨人生，淡然相随

人生一个梦，生活靠颗心，只要心态不老，只要信念不消，不管多远的路，都会有尽头；不论多深的痛，也会有结束。选择其实很简单，往自己心里感到踏实的地方走，静下心听自己的心声。

用一颗美好之心，看世界风景；用一颗快乐之心，对生活琐碎；用一颗感恩之心，感谢经历给我们的成长；用一颗宽阔之心，包容人事对我们的伤害；用一颗平常之心，看人生得失成败。

忙碌里，谁都有难处，现实中，谁都有苦楚。人生，总有太多的纠结，让我们无助；总有太多的奈何，让我们无可。所以，有些事，可以认真，但不要较真，心若轻松，路才顺当。

有些事想不通，就不去想；有些人猜不透，就不去猜；有些理悟不透，就不去悟；有些路走不通，就不去走。生活就是一部百科全书，包罗万象，人生，由人不由天，幸福，由心不由境。活着的核心是健康快乐，健康是身和心的叠加，心健才能身健，身健必须心健。

路在脚下，是距离；路在心中，是追求。有追求，就会有坎坷；有希望，就会有失望；

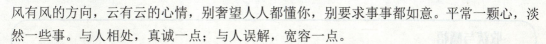

风有风的方向，云有云的心情，别奢望人人都懂你，别要求事事都如意。平常一颗心，淡然一些事。与人相处，真诚一点；与人误解，宽容一点。

把尘事看轻些；把人际看浅些；把得失看淡些；把成败看开些。不和别人比较，不和自己计较，下心去做人，埋头去做事，脚踏实地地走，顺其自然的活，做人如饮酒，半醉半醒最适宜；做事如执笔，半松半紧最自然。

一个人的成就，不是以金钱衡量，而是一生中，你善待过多少人，有多少人怀念你。生意人的账簿，记录收入与支出，两数相减，便是盈利。人生的账簿，记录爱与被爱，两数相加，就是成就。

不管世界多么拥挤，都要让心自由跳动。因为生命的每一瞬间，都存于心，贮于忆。那些拥有，那些给予，那些珍贵的收藏，都会拥于怀，融于情，长眠于心。一些人，一些情，一些事，都装在心里，会累，会挤，懂得卸载，给心一个空间，让心得以喘息，让阳光给以沐浴。

相信自己的坚强，但不要拒绝眼泪；相信物质的美好，但不要倾其一生；相信人与人之间的真诚；但不要指责虚伪；相信努力会成功，但不要逃避失败；相信上帝的公平，但不要忘了，当上帝关上门的时候，学会给自己画扇窗。

三件让人感到幸福的事情：有人爱，有事做，有所期待。有人爱，不仅仅是被人爱，而且有主动爱别人爱世界的能力；有事做，让每一天充实，事情没有大小，只有你爱不爱做；有所期待，生活就有希望，人不怕卑微，就怕失去希望，期待明天，期待阳光，人就会从卑微中站起来拥抱蓝天。

生活中真正的快乐是心灵的快乐，它有时不见得与外在的物质生活有紧密的联系。真正快乐的力量，来自心灵的富足，来自于一种教养，来自于对理想的憧憬，也来自于与良朋益友的切磋与交流。

有些事情，拿不起，就选择放下；有些东西，要不得，就把它放弃；有些理念，想不通，就不去理会；有些过客，留不住，就让其离开；有些感情，理不顺，就忍痛割舍；

有些伤痛，挥不去，就学着遗忘；有些过去，忘不了，就藏于心底；有些工作，做不好，就求助别人。人生，总有路可走，风雨人生，淡然相随。只要快乐，你就什么都不缺。

出言有尺，戏谑有度

用自己的认知去评论一件事，
事事都不完美。
用自己的心胸去度人，
人人都有不足。
用自己的心眼去要求别人，
人人都不达事宜。

眼是一把尺，量人先量尺；

心是一杆秤，称人先称己。

挑人过错，自己也有不完美；

责人短处，自身也有缺陷。

一味步步紧逼人，

不会让别人走上绝路，

而会让自己无路可退。

眼睛总盯人是非，

不会让人颜面尽失，

而会让自己颜面扫地。

目中有人才有路，

心中有爱才有度。

一个人的宽容，

来自一颗善待他人的心。

一个人的涵养，

来自一颗尊重他人的心。

一个人的修为，

来自一颗和善的心。

125

眼里容得下别人的人，

才能让人容得下他。

懂得尊重别人的人，

才能得到别人的尊重。

柔和待人的心态常伴让自己，处处祥和。

不要以自己的判断去评论一个人，

不要让自己的情绪波及其他人。

每一个都是一个独立的个体，

应尊重他人的选择。

多一些扪心自问，

少一些争执指责。

多一些观心自省，

少一些挑剔苛责。

有所觉悟会从自身找问题，

没有觉悟只会把箭射向别人。

与人为善，于己为善；

与人有路，于己有退。

收获与感悟

半寸留给昨天，半寸守住今天

生命中出现的一切，
都无法拥有，只能经历。
深知这一点的人，就会懂得：
无所谓失去，只是经过而已；亦无所谓失败，只是经验而已。
用一颗浏览的心，去看待人生，
一切得与失、隐与显，都是风景与风情。

——扎西拉姆·多多《喃喃》

有人寂寞在热闹里，
有人热闹在寂寞里。
有些人只能缅怀，有些事只能回忆。
生命中已经过去的岁月谁都无能为力——
无论是爱过，恨过，快乐过，悲伤过，
最终还是被时间翻过了那一页。
一寸相思一寸灰，
半寸留给昨天，半寸守住今天。

——《半寸灰》

做人要简单。

不沉迷幻想，不茫然未来，

走今天的路，赏身边的景，

不羡慕繁华，不追逐名利，

做好当下的事，珍惜身边的人。

不要太吝啬，不要太固守，要懂得取舍，要学会付出；

不负重心灵，不伪装精神，让脚步轻盈，让快乐常在。

简单做人，除去心灵的杂草，让幸福蔓延。

人生旅途中，大家都在忙着认识各种人，以为这是在丰富生命。

可最有价值的遇见，是在某一瞬间，重遇了自己，

那一刻你才会懂：

走遍世界，也不过是为了找到一条走回内心的路。

——苏岑

生活不可能像你想象得那么好，

但也不会像你想象得那么糟。

我觉得人的脆弱和坚强都超乎自己的想象。

有时，我可能脆弱得一句话就泪流满面，

有时，也发现自己咬着牙走了很长的路。

——莫泊桑《羊脂球》

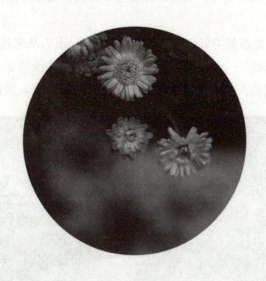

光阴早就把最美妙的东西加在了修炼它的人身上。

那个美妙的东西，是清淡，是安稳，

是从容不迫，也是一颗最自然的心。

——雪小禅

收获与感悟

若遇予以，天荒地老

壹

遇见，是一种缘的存在。恰似前世为今生的伏笔。不然，怎么恰好，又恰在此时。

遇见，是美是丑，命运安排。始终，总会有个终结。就不知是得是失，是续是断，还是喜是忧。

不能说，每一种遇见都是美好，但是，一定有渊源。上天从来没有安排无源由的逢会。你该相信，每一种遇见都是一段迹记，只是界分于深刻与浅淡罢了。

一个与你共走江湖的人，大概就是彼此之间，都懂得冷暖，懂得守护。

贰

相逢，有擦肩而过，有驻留心间；亦有退避三舍，也有刻骨铭心。

每个人的相遇，都是生命的一组音律。无论高亢低沉还是凄美悲怨，相遇就在往来的过程中演奏，用深浅来交织，用厚薄来应承。

遇见，既是造化的安排。

总之，哭着也是见，笑着也是见，不如含笑等待。每一份遇见，荡漾着神奇的色彩，细细去感受，每个人都是生命中的一道斑斓。

你看，眼前风光旖旎。

遇见花香，你便闻到芬芳；遇见阳光，你便撷取烂漫。遇见慈恩，你便滋生感动；遇见同感，你便心有共鸣。

你若用一辈子去庄重相待一个人，他在你生命里一定是举足轻重的人。

叁

最从容的人，随遇而安。因此，适者能生存。

遇见，一盏茶，把之共品，醇香浓厚；一本书，与亲对话，贴亲灵慧。相遇成诗，把风吟一番，拈雅处一番，风雅也就都有了。

若是遇见，都以审美的眼光去看待，你就看到了美好。

相反，遇见的也只能都是丑恶了。见到的人与物，好与不好，其实岁月都会来印证。

遇见，会演变成恩怨与情仇。所有的故事情节，平淡无奇也好，翻云覆雨也罢。最后，亲近与疏离的结果，都是在遇见之后。

一个人，于你生命中行走，几斤几两的分量，相处后自会掂量，尔后决之亲离。

肆

所有的相遇。用眼睛来观察的，有些忽略了，所以也就看到空无，也就没有发现内在的美了。

用来心灵感知的，有些麻木了，所以也就丧失了感触，也就没有发现事物存在的因由了。

那么，又怎么会有心灵发现与对诸物审美？假如，心是善的，德是高的，所遇见的一切也是美的。

假如，处处排斥，所遇见的也就会是对恣，反逆，争执。那么，人生又怎么会有和善与包容？

一份可以在这个岁月里行走的友谊，它在有生的时光里不会锈了共勉的情。

共行，愈长远愈是炽热。

伍

遇见了，总有存在的理由，接受与不接受，它就在那。不到该走的它不走，不是该留的它也不留。任何事物的去留强之则辱，容不得用愤恨去驱逐，容不得用强制去夺取。

命中遇见，当予善待，若不是命中该有，弃去予善终。不必去激化每一分遇见的崩离，不必去惹火每一分相逢的恼怒。

有些人，可以改变一个人的命运，可以改变一个人的性格。而有些人，他不计得失，错对，荣辱。于这个人生里，你在他就在，从来不会放弃你。因为，他不论你成败，或者是富贫。他，都无怨亦无悔地守护。

当然了，也不必问有些人，渐行渐远，不知去何处。

陆

生命里，都是留下见好的人。所以，相遇的过程都是在发现与选择可以隽永的人。人啊，于生命里鱼贯而出，惺惺相惜的没有几个。

不是你放弃别人，就是别人放弃你。不是你走远不等，就是人远走不等你。

共同的兴趣、目标、喜好圈起一个群体。这个群体又进行百番的挑选后准确地彼此欣赏与信任。一个愿意在你生命中停留的人，也是你愿意去携手并肩的人，才是长久。

每一次遇见，都是一种各自的挑选。挑剔的人，生怕会错。谨慎的心，只会更踏实。

我们得相信，无论谁的离去，都是自然。你看好别人，别人并非看好你。

柒

遇见里，唯有彼此看好，方得始终。我不相信，一个人在你生命里来了又走，走了又来能有多么的重要。

生死面前，不走的人。你若有苦难，有挫败，根本不会离一步。是心，不会离去。一个于你生命中重要的人，会厚待你生活的点点滴滴。仅仅是这样，就能在生命里镌刻：

你不说，他已懂。

他不说，你也懂。

所以不必说，彼此都能感应。因此，在岁月里无声就会持重这一份遇见。

捌

放在心上，安妥贮存。若遇予心，天荒地老。一份不变质的友谊，它的质地永远是秉持自然纯净来保鲜。

彼此之间，相互黏合，共同供养。一棵四季常青的参天大树，根与根是盘绕为一体，所能支撑起的枝柯与绿叶，狂风暴雨来袭，影响不了根深蒂固的根基。

与这样的人共处：情，愈往愈是安若磐石；爱，越深越是固若金汤。

玖

至深的往来，遵之；

弘量则远，淡泊则久；

相容则盛泽，共勉则强劲；

彼顾则能入心，惺惜则能悠长。

收获与感悟

人生

人生就像自行车，
说得好听，其实还得靠自己。

人生就像自行车，
要用力才能前进。
人生就像自行车，
有时没用力还在前进，
其实是在走下坡路。

人生就像自行车，
方向掌握在自己手中。
人生就像自行车，
放开双手也可以上路，
但需要很强的定力。

人生就像自行车，
重心偏了，方向也就变了。
人生就像自行车，
多半是在走前人走过的路，
否则不仅仅是颠簸那么简单。
人生就像自行车，
看起来都差不多，
但也会有区别。
人生就像自行车，
好的被人惦记，
烂的没人要。

人生就像自行车，
大多人习惯两个轮（人）；
一个轮看着精彩，其实很辛苦。
也有人在玩儿三个轮，
但那只是小孩子才能玩儿的游戏。
人生就像自行车，
有的人骑得快，有的人骑得慢，
有的人蹬着很吃力，

有的人蹬着很轻松。

······

收获与感悟

莫言最美的诗

每个人都有一个死角，
自己走不出来，
别人也闯不进去。
我把最深沉的秘密放在那里。
你不懂我，我不怪你。

每个人都有一道伤口，
或深或浅，盖上布，以为不存在。
我把最殷红的鲜血涂在那里。
你不懂我，我不怪你。

每个人都有一场爱恋，
用心、用情、用力，感动也感伤。
我把最炙热的心情藏在那里。
你不懂我，我不怪你。

每个人都有一行眼泪，
喝下的冰冷的水，酝酿成的热泪。
我把最心酸的委屈汇在那里。
你不懂我，我不怪你。

每个人都有一段告白，
忐忑、不安，却饱含真心和勇气。
我把最抒情的语言用在那里。
你不懂我，我不怪你。

你永远也看不见我最爱你的时候，
因为我只有在看不见你的时候，才最爱你。
同样，你永远也看不见我最寂寞的时候，
因为我只有在你看不见我的时候，我才最寂寞。

也许，我太会隐藏自己的悲伤。

也许，我太会安慰自己的伤痕。

从阴雨走到艳阳，我路过泥泞、路过风。

一路走来，你若懂我，该有多好。

收获与感悟

受益匪浅的七句话

1. 道歉：并不总意味着你是错的，它只是意味着你更珍惜你们之间的关系。

2. 专一：不是一辈子只喜欢一个人，是喜欢一个人的时候一心一意。

3. 高雅：不是名牌装扮出来的，是一个人综合素养的体现。

4. 气质：不是地位随之而有的，是胸怀的外衣。

5. 魅力：不是权财堆砌出来的，是才智的内涵。

6. 淡定：不是表面伪装出来的，是阅历的沉淀。

7. 原谅：有时候，我们愿意原谅一个人，并不是真的愿意原谅他，而是不愿意失去他。

收获与感悟

胡适

　　胡适，字适之，曾任北京大学校长、中华民国驻美大使等职。他因提倡文学改良而成为新文化运动的领袖之一，是第一位提倡白话文、新诗的学者，致力于推翻存在了2000多年

的文言文，对中国近代史产生了较为深远的影响。

　　胡适兴趣广泛，著述丰富，在文学、哲学、史学、考据学、教育学、伦理学、红学等诸多领域都有深入的研究。著有《白话文学史》《胡适文存》《尝试集》《中国哲学史大纲》等。

　　也想不相思，可免相思苦。几度细思量，情愿相思苦。

——《调寄生查子》

　　醉过才知酒浓，爱过才知情重。你不能做我的诗，正如我不能做你的梦。

——《梦与诗》

我渐渐明白，世间最可厌恶的事莫如一张生气的脸；世间最下流的事莫如把生气的脸摆给旁人看，这比打骂还难受。

——《我的母亲》

　　简单说来，拜金主义只有三个信条：第一，要自己能挣饭吃；第二，不可抢别人的饭吃；第三，要能想出法子来，开出路来，叫别人有挣饭吃的机会。

——《我们能做什么》

　　有人告诉你"牺牲你个人的自由去争取国家的自由"。可是，我要告诉你"为个人争自由就是为国家争自由，争取个人的人格就是为社会争人格。真正自由平等的国家不是一群奴才建立起来的"。

——胡适

　　有个小姑娘，即使很少联系，却总是时常惦念；白天奔波于世俗的社会，每天做着不爱的事情，晚上，找回属于她自己的宁静；柔弱又敏感的外表，充实而强大的内心；总是需要人来呵护，却找不到几个知音；只能做个旁观者，远远地看着，希望她越走越好。

——《不朽》

　　怕什么真理无穷，进一寸有一寸的欢喜。即使开了一辆老掉牙的破车，只要在前行就好，偶尔吹点小风，这就是幸福。

——胡适

　　依旧是月圆时，依旧是空山，静夜；我独自下山归来，这凄凉如何能解！翠微山上的一阵松涛，惊破了空山的寂静。山风吹乱了窗纸上的松痕，吹不散我心头的人影。

——《秘魔崖月夜》

在这广漠的人海里独自混了二十多年，没有一个人管束过我。如果我学得一丝一毫的好脾气，如果我学得了一点点待人接物的和气，如果我能宽恕人，体谅人，——我都得感谢我的慈母。

——《我的母亲》

人生是一场历练

1. 学会沉默，不是叫你变得冷漠，是张口闭口把握得当；努力奋斗，不是叫你不顾健康，是不断提醒自己不要堕落；学会平淡，不是甘于平庸，是保持内心的平静，选择最适合自己的，变得成熟。

2．生活，总是计划赶不上变化。一个有目的的人，走路的姿势是向前的。人的一生很像是在雾中行走，远远望去，只是迷蒙一片，辨不出方向和吉凶。可是，当你鼓起勇气，放下忧惧和怀疑，一步一步向前走去的时候，你就会发现，每走一步，你都能把下一步路看得清楚一点。

3．不要去抱怨生活对你不公平，因为生活根本就不知道你是谁。有些人的一生，是直达车。有些人的一生却是慢车，中间总要经过许多站，经历许多人。出去外面走走，这个世界会给你意想不到的惊喜，何必胡思乱想。谁不虚伪，谁不善变，谁都不是谁的谁。又何必把一些人，一些事看得那么重要。

4．人生必须透过黑暗，才能看到光明。人生如棋，有进就有退，有退就有进，有得就有失，有失就有得。退一步是为了进一步，让一步是为了下一步，失一步是为了得一步。丢卒才能保车，失小才可获大。棋盘虽小，退一步海阔天空。

5．我们应该做个好人，但同时却不能忘了自保之道。人生的最大的魅力不是成功，而是责任；最宽的道路不是大道，而是坦荡；最快的脚步不是跨越，而是继续；最慢的步伐不是缓慢，而是徘徊；最险的道路不是陡坡，而是陷阱；最大的幸福不是得到，而是拥有。

6．每个人都处在茫茫人海中，不要去在意别人在背后怎么看你怎么说你，因为那些言语都改变不了事实，却可能搅乱你的心。人生只是三大遗憾：不会选择；不坚持选择；不断地选择。诺不轻信，故人不负我；诺不轻许，故我不负人。

7．心情不好时，闭上眼，就当一切都是在做梦。漫漫人生路，值得追求的东西实在太多。若得夕阳无限好，何须惆怅近黄昏，错过了风，我们会收获雨；错失了夏花绚烂，必将会走进秋叶静美。心若年轻，则岁月不老，无论时光如何流转，守住心中的那一季春暖花开，其实，我们想要的幸福一直都在。

8．真正的忙不是身忙，而是心忙；真正的累不是身累，而是心累。人活一世，奔波劳累在所难免。当你感到忙、觉得累的时候，一是因为价值的迷失，二是因为过多的欲望。人生有了方向，有了奋斗的理由，心就安定了；少计较，多宽容，知满足，心也就闲了。顺其自然，随遇而安，懂得放下，生命才会更加完美。

9．地球是转的，人是会变的，生命中的故人，积攒的故事，这些都是历练，人就是在历练中慢慢成熟的。一些事，闯进生活，高兴的，痛苦的，时间终将其消磨变淡。经历得多了，心就坚强了，路就踏实了。

10．生活中没有绝对的一帆风顺和十全十美，生命的滋味难免有曲折和苦涩，不要把曲折当成包袱，走过去就是轻松，过去再怎么苦涩，也不要太过渲染，该忘的忘，该放的放，忘记，不是消极，是勇气；放下，不是停止，是为更好的进取。弯腰又如何，低头又如何，不管怎么活，能应付就是上策，能看开就是喜悦。

活着的气度

活在世上，要有气度，这个气度最令人敬佩的是大气、豪气、浩气、正气，对于男儿要有志气、勇气、血气、胆气，对于女子要有灵气、秀气、静气、柔气，每种气都蕴涵着一种精神，象征着一种品性。

活着的气度则是要刚柔并济，胸中有天地。要坚韧不拔，顽强不屈。要傲骨侠肠，正直勇敢。

生而为人，活着，活出风度，风采，风格。这些皆为外表，而气度则是内涵，是质地，是根本。气贯长虹，气壮山河是英雄豪杰的气度，气定神闲，气宇轩昂是能者的气度，气势汹汹，阴阳怪气是恶人活着的气度。

活着的人总是要展示他的气度，或简单快乐，或惆怅失落，或爽快大方，或吝啬小气。活着则有机会提升气度，提炼气质，提高气势，不为处境所制约，而凝神静气，超然物外，不为物役。

活着的气度非凡，能引人注目，为人羡仰，因此，人们寻求秀外慧中，希望自己神清气爽，春风得意，活着的气度龌龊，为人轻视，遭人白眼，因此，千万别混到这份田地，人不人，鬼不鬼，别人见怪，自己都难受。

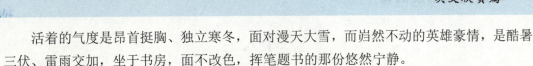

　　活着的气度是昂首挺胸、独立寒冬，面对漫天大雪，而岿然不动的英雄豪情，是酷暑三伏、雷雨交加，坐于书房，面不改色，挥笔题书的那份悠然宁静。

　　活着的气度是举杯畅饮，淡看人生苦痛，笑谈人世风云的豪情壮志。是历经艰辛，失败无数，仍坚定信心，不改初衷的执着信念。活着，不能没有积极向上的乐观心态，不能没有舍鱼，而取熊掌者也的哲人智慧，不能没有吃得苦种苦，方为人上人的做事方法。要豪情满怀，要励精图治，要开拓进取。

　　活着有气度，做人才有质量，价值，意义。活着就不要让人生充满无味，无聊，对于男儿，拿出自己的志气来，豪情远志洒春秋，拿出自己的勇气来，敢做敢当，拿出自己的血气来，好男血气似海流，不遏苍山不回头。拿出自己的胆气来，与有肝胆人共事，从无字句处读书。对于女子，则要发散出自己的灵气来，玲珑剔透，为人赏识，展示出自己的秀气来，让人耳目一新，为之欣然。酝酿出自己的静气来，像花儿一样，芳香四溢，回味悠长。修炼出自己的柔气，柔情似水，以柔克刚。

　　活着，一定要有气度，这不仅仅是涵养，也是一种标识。在与人交往中，为人所看中的第一要素即是气度。修炼人生，展示自己活着的气度，让生命更有意义。

收获与感悟

一个人

一个人可以穷一点，但人穷志不能穷！不要成为人穷志短的人，要勇闯世界，做不了顶天立地的人，最起码要做个有用的人，做个对得起自己的人。

一个人可以丑一点，但人丑心不能丑！仁慈善良不在乎一个人的外表，只在乎人的内心！

一个人可以瘦小一点，但人心不能小！任何一个人都不会喜欢一个小心眼的人。敞开心扉，宅心仁厚总能让人倍感安慰。

一个人可以脆弱一点，但人脆弱内心不能懦弱！懦弱的人总是自卑的，所以，一定要有勇气、有主见、有自信！

一个人可以笨一点，但学习是不论早晚的，只要肯学，相信没有学不会的，就怕你不学！

一个人可以聪明一点，但不要自以为聪明！否则，要么你是个傻瓜，要么全世界的人都是傻瓜。

一个人可以糊涂一点，但不要糊涂一世。最难得的还是"聪明一世，糊涂一时"的人！

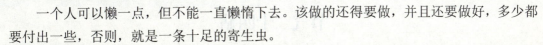

一个人可以懒一点，但不能一直懒惰下去。该做的还得要做，并且还要做好，多少都要付出一些，否则，就是一条十足的寄生虫。

一个人可以省一点，但是俭省不是守财，否则，会为了金钱而扭曲人格，会成为一个守财奴。要知道，会花钱的人，往往更会赚钱！

一个人可以讲究一点，但是讲究不是奢侈，讲究要有分寸，不要因为讲究让平凡的生活变了质。

一个人可以宽容一点，但宽容不是放纵！再宽容也要有尊严，有辱人格尊严的，决不能宽容！

一个人可以有点脾气，但有脾气不等于有实力。要学会沉默，储蓄知识财富，做个真正有个性、有脾气的人。不在沉默中爆发，就在沉默中灭亡！

一个人可以苦一点，但吃苦时不能怕苦，苦尽甘来！吃得苦中苦，方为人上人！

收获与感悟

节气二十四贴

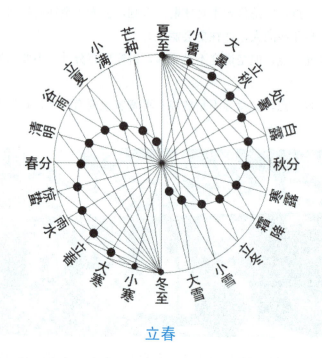

立春

一写到"立春"这两个字，仿佛闻到了绿色，亦仿佛听到心里咚咚的心跳。"一到春天，风真的就不一样了。"立春是年方二八的女子，一切欣欣然，每段呼吸都是翠绿的。她一个人站在陌上，喜悦浮在脸上，那还料峭的风啊吹着她的长辫子。

这一年就这样开始了。立于春之头，怀着扑啦啦的梦想，你能想象这个节气有多性感就有多性感。怀了处子之心，怀了一脸春色，带着果断与放肆扑向人间。

谁说我不爱你，这立春就是证据。

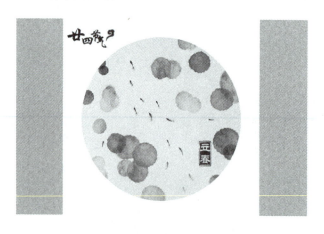

雨水

雨水其实还没有雨。立春刚过，雪刚化，大抵是心里盼望春雨来吧。然后去夜雨剪春韭，然后像杨凝式一样写《韭花帖》，在微冷的早春包一顿热气腾腾的饺子。

雨水是阴性的。所以古人在这一天让出嫁的女儿回家看望父母，然后送母亲一段红绸，炖一罐红烧肉。

我没有送过母亲红绸，但我会炖红烧肉。一边炖肉，一边和母亲在廊下聊天。父亲拉着二胡，猫在廊下打盹。红烧肉的味道慢慢溢出来——小院里有着朴素的日常。雨水这一天没有雨，我抄着手站在廊下发呆。

什么都不想，也什么都想。

惊蛰

哦！是劈面相逢的惊艳。中国汉字之美体现得淋漓尽致。就这样被击倒了，就这样被震撼了，那所有沉睡的记忆被一朝唤醒。

连小虫子也醒了，惊了天，惊了地，惊了光阴。开始吧！这一切！既然已经咬住了春天的气息——所有人生，不过是蓄谋等待这一场惊动。哪管它流言蜚语，哪管它骇浪滔天。

忽一声惊雪，春雷阵阵。有人在窗下妖媚地笑，有人在旷野啸啸地歌。所有的春意荡漾着邪邪的恶，那些发了情的时间，飒飒杀将过来。

春天的每一个毛孔都张开了呀。

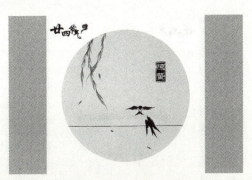

春分

昼夜均，寒暑平。一到春分，风都性感起来，妖冶的小样子。雨也缠绵起来，像与春天恋爱似的。心也痒起来，想找个人说说话——哦，哪怕不说话，发发呆也是好的。

去放风筝，野地里风大。看到有女人发髻边簪了花，有人说："写字弹琴无意绪，踏青挑菜没心情……"那就是在思念一个人吗？春分，就开始轰轰烈烈地想他吧，就分分秒秒、惊天动地地想他吧！风知道，雨知道，春分知道。

我开始去挖荠菜。挖啊挖，挖啊挖，挖一个春天。用热水焯了，然后挤干水，冻到冰箱里。

这春天的野菜可以吃上一年，每一口都有春分的味道。

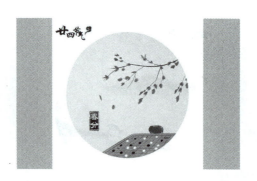

清明

就在一场杏花春雨中静坐吧。陪着清明，一杯明前龙井，一个蒲草团，一枝杏花，一场不大不小的雨。

清明是读了诗书的女子，静极了，美极了。她独在天地间，与杏花春雨对话，她喜欢独自眠餐独自行，那孤独与寂寞滋养着精神的明亮。

"杏花春雨里，吹笛到天明。"你需要懂得吗？不需要。你需要的是一个人在天地之间心清心明，找到一把时间的钥匙，自渡彼岸。有的时候，能自渡彼岸，那是慈悲的。

就着这杯碧绿龙井，饮了吧。然后一个人在四月的清明里，且歌且笑且禅意，直至天明杏花落了梨花落。

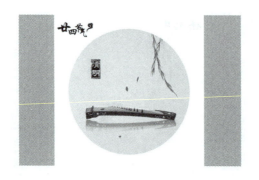

谷雨

"清明断雪，谷雨断霜。"桑树上的鸟儿提醒人们去插秧，柳絮飞似雪，杜鹃啼声落。一杯谷雨茶煮啊煮，听得最多的是雨声。在雨声中听一段旧戏、临一张老帖、想念一个故人，真没有比谷雨更合适的节气了。

少时，自家院中有香椿，采了和鸡蛋一起炒，香得惊天动地。母亲蒸了饢面馒头，上面点着一点红，夹了香椿鸡蛋，就着那一场场春雨吃下去，味道好得格外心满意足。

有个朋友名叫"谷雨"，只觉得她的名字不俗，格调雅致。后来渐渐失去联系，再后来听说出了车祸，人没了。每至谷雨，总会想起她，淡淡地想起。

立夏

立夏是一个女孩子的名字。有着热烈的温度，听上去都是烫的——立夏之后，裙子穿起来，扑啦啦地飞，白日放歌，长夜纵酒。

大排档开始火热。光着膀子撸串、吃小龙虾、喝啤酒。失恋的人适合号啕，一声声问：你为什么不再爱我了？立夏还年轻，一肚子的热烈和赤子之心。"初与君相知，便欲肺肠倾。"穿了白衬衣站在你青春的楼下，你恰恰骑了单车过来，眉宇间全是爱慕……不早不晚的相遇。嗨，留个电话吧！就那样开始了，多年之后，是五月的新娘。

多年之后，还记得那天恰好是立夏。

小满

小满是敦厚的乡下男子，忽一日遇到那大波浪、高跟鞋、口红、丝袜、旗袍的女子。他蹲在麦浪前想她，他的眼泪落在麦子上。

那热气腾腾的热啊。小满爱听她唱戏，在乡间的夜晚，有一种说不出的蠢蠢欲动。女人走了以后，他大病一场，还是跑到麦地里想她。

多年之后，小满成了城里有钱人。他周围有很多女人，让他早已麻木。

天气热起来，穿旗袍的女人到处都是。小满独自回乡，把头埋在麦子地里突然号啕——他永远不再回来的 17 岁啊。

芒种

忙起来了，从日出忙到日落，脸上是又疲倦又喜悦的笑容。麦子的香气令人晕眩，耕种者低下头去收割。妇人用新麦烙了饼，又煮了解暑的绿豆汤……新的麦香可以醉人，连孩童都知道收麦子了，屏住呼吸等待新出锅的馍。

麦客们出发了。脊背上的汗珠滚下去，烫死个人哩。芒种似透了情的少女，迫不及待地想把秘密告诉别人，心里的慌张啊，一步紧似一步。

那个"芒"字可真可爱，硬生生，有一种提刀便来的明快。忆及少年时代唯一一次为同学家割麦，手臂上全是麦芒刺的小针眼，出了汗，腌得生疼——如今想起，是忆那又青涩又饱满的少年时代啊。

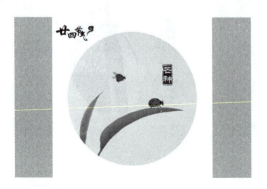

夏至

真正的夏天到了。啤酒、热裤、夜市、地摊儿……全城的人仿佛都出来了，蝉在叫了，少年在滑旱冰。夏至适合恋爱、失恋，适合找人倾诉，抱头痛哭。反正夏天来了，反正想淋漓尽致了。

夏至像个少年，反叛得很，身上刺了青龙。他仗义，为兄弟两肋插刀。他酗酒，喝的啤酒瓶子摆了一桌子。夏至的晚上，光了膀子在街上喝酒，听着极通俗的流行歌。

夏至，也是激情遇上激情，持续的高温。她痴痴地站在他楼下，为了告诉他，喜欢他很多年了。但她看到另一个女孩从他家里走出来，她悄然走开。

小暑

一到小暑，雨水多起来，天气燥起来，热起来。小时候，每至小暑，外公便找人来修房子。没有油毡，没有瓦，外公和了泥，请人给房顶再涂上一层泥。这样，雨水多了房子也不漏。但雨水大了，房子仍然漏，家里接满大盆小盆。外公没住上楼房，走了。

乘凉的人坐在槐树下，月亮升上来。左一堆右一堆人，聊着闲话。

铺天盖地的热，蝉叫疯了。去年的衣衫，去年的人，在草原上看星星，两个人说地老天荒的话。

小暑，煮绿豆汤，临旧帖，一段老戏听得人心里凉下来。远方的友人寄来手工绿豆糕，麻绳捆了，草纸裹了。上面有鲜红的四个篆刻小字：小暑安喜。

大暑

雨水可真多啊，是人世间的大写意，是晚年张大千的泼墨荷花。真任性啊。疯了狂了怒了，像爱一个人，肺肠都倾了——给你，这是我所有的爱情了。

少年站在屋檐下听雨，不觉光阴老。母亲每至下雨天便包饺子。"这雨可别再下了，再下就涝了，你二舅家的田又收不了粮食了。"

涨水了，去河里捉鱼。胳膊晒得黝黑，青蛙到处都是，空气热得要炸开，狗吐着舌头。喘不过气来，心突突地跳。以为会永远热下去，以为雨永远下不完，以为永远是青春年少。

任何事情都一样，到了高潮，必临近结局。

立秋

立了秋，蝉声减弱。立了秋的风是凉爽的，不黏了，不滞了，不傍人篱壁了。叫嚣的夏天终将离去。人生几度秋凉，又几度清欢。从立秋这天开始，顿有悟——那所有的热烈，不过为人生的收梢做铺垫。人生到最后，一定是素的、简的、饱满的，不动声色，却于无声处听惊雷。

立秋是一款七年老白茶，有了药性。是有了力量的中年人，少了孟浪与青涩。那惊天动地原本全在家长里短里。

母亲炖了肉，用土砂锅。她说："要贴秋膘啊。"有一年在日本过的立秋，在一个寺院里，有惊天动地的大美。

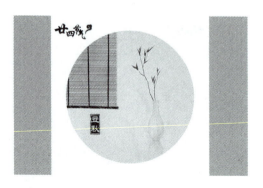

处暑

是夏天彻底离开的时候了，是要诀别的时候了。觉得夏天才刚刚来，转眼已是背影了。

像喜欢一个人，才刚要启齿诉说心中秘密，他却跑来告诉你，喜欢上了别的女孩子。你站在处暑的陌上，一个人萧瑟起来。半尴不尬的节气，又似人到中年，上有老下有小，就那样坚持地微笑着。

"再坚持几天，天气就彻底凉快了。"

田地的庄稼收了，麻雀躲起来，在露台上煮茶要披一块披肩了。街上有人开始兜售菊花。屏住呼吸，可以闻得见静气了。从处暑开始，山水间开始有了沉凝之气。

白露

多像一个女孩子名字。《日出》中的陈白露吗？哦，不是。是天真朴素的女子，有清气有冷气，有凝起神来的那种静美，但她不自知。

白露的早晨去地里行走，露水打湿衣裳。蹲下身来看那些植物，生出无端的怜与惜。

人生不经过白露怎么可以呢？定要有那些脆弱、不堪、敏感、来不及、泪湿衣衫、无人可诉……才有回头的刹那，那人在灯火阑珊处站着，一直等你。

白露，看山中花次第凋落，马在饮水，冷蝉在鸣。

蒹葭苍苍，白露为霜。长夜未央，空庭得秋长漫漫，独有伊人在思、在想。

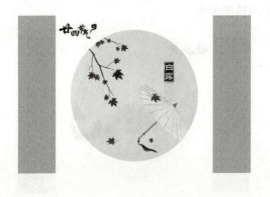

秋分

分手吧。从今天起，你是你，我是我。你有你的清高孤洁冷静，我有我的狂热炽诚明烈。这是秋天说给夏天的话，这是永远的诀别。

桂花开着，香得整个城没有了魂儿，人仿佛也醉倒在一场桂花里。"你对我像一场桂花酿。"秋风的夜里，月亮又大又红，如适逢中秋，就着桂花糕，可小酌，可品茗，可插花。

人生若只如初见。你站在桂花树下发呆，猛然一抬头，他也在这里。据说，被秋分第一缕阳光照射到的人会幸福一辈子。这样一想，她甜腻得似这满城桂花香了。满城深情在，风动桂花香——怎么可以这样香呢？太过分了。

寒露

嗯，是应该喝些清酒了，就一个人。可邀秋风，可邀明月。寒露之味，如戏曲程门，有幽咽，有婉转，但亦有寒露香气。

"再坚持一会儿，那茶香就更老了。"用炭火煮了老白茶，满屋子药香。寒露时，一人在寺庙，听晨钟暮鼓。那寒气是恰恰好的寒气，临风君子。夜未央，一人在殿里长跪，只为今生，有恰好的遇见。再为来生，早早遇见。遇见那个人，那朵花，那抹炊烟。庙里藏了几株花，拈花一笑，光阴便在层林尽染处。此时的山峦啊，是饱经了风霜的人，每一条皱纹里全是光阴赠予的精神强度。

霜降

母亲寄来家里石榴树结的石榴，那籽饱满得似要炸开。山里人开始晒柿饼了，那柿饼上的白霜是甜腻的证明。

有些冷清的长夜，藏一刀纸，临几张旧帖，听一段老戏。闽南一带说，霜降吃柿饼，不会流鼻涕。

"一起去摘柿子吧，今年家里柿树死了很多。"

满院的柿饼，红灯笼一样，人的脸也红了，摘了一个又一个。

"明年还来摘啊。"

霜降以后，枫叶红起来，赴死一样的红，像爱上一个人，连命也不要了。有一年，我站在京都的枫树下，比站在京都的樱花下心里更绝望。美，总是令人绝望的。

立冬

"那把日本的老铁壶呢？该拿出来煮老茶了。"

小时候围在炉子边，祖母往炉灶上扔上几粒枣，开始说关云长、七仙女、四郎探母……那枣香味一直蔓延到现在。

"入城沽老酒，独饮过五更。"就这样站在了冬天边上，就这样站在了人生边上。

"那一年的冬天来得真早啊，花还开着，第一场雪就落下来了……"

"是呢，那是 2009 年的 11 月 1 日……"他们都笑了。人一生记得的也就是那么几个刹那、几个瞬间。而有那么几个刹那、几个瞬间，足够了。

"你听，雪在落呢！"

"一起去雪中走走吧。"

小雪

"真像你的名字啊！"他说。

一个小字，美妙了、灵动了。似午夜听黄莺莺的《野草闲花逢春生》，又似雪日临王羲之的《快雪时晴贴》，抑或一个人看倪云林的画。这样的节气是不含人间烟火气的，但我们所要的所求的，有时恰恰是不含人间烟火气。

冰清玉洁的女子，在三岛由纪夫和川端康成的小说中，痴心等着自己的恋人，她叫小雪，她把自己站成小雪，与天地、光阴、爱情一起站成永恒。

红条的竖版宣纸上，手写一封寄给春天的信：你知道吗？今日小雪。天在下雪，我在想你，你什么时候来呢？你什么时候来，我便晶莹剔透地去迎你。

大雪

大雪压了红尘。宝玉出家了，李叔同出家了。大雪之后，一切皆破。有些人看破走了，有些人看破不说破。

该围炉夜话了。中国式雅致生活，就从大雪体现吧。

大雪纷飞、三五知己、茶酒小食、吟诗作赋。炭是上好的橄榄炭，酒是陈年女儿红，茶是陈年普洱，加了牛蒡，惊天动地的香气。

雪在飘，炭在烧。夜已深，炉边人渐醉了，唱起昆曲——你是杜丽娘吗？

突然想起了年少时。一个人在大雪中奔跑，不知道为什么。为了什么不重要，此时便是那个在黑暗中大雪纷飞的人。林冲夜奔了，裴艳玲夜奔了，木心也夜奔了。

大雪，一个人私奔吧。

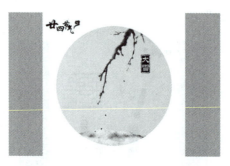

冬至

每到冬至，母亲便去买羊肉，父亲一生只喜欢吃羊肉馅饺子，母亲便包了一辈子。冬至这天更要包。

天寒地冻了，少时在河床上滑冰，耳朵冻得红肿，风也尖叫着，冬至的阳光刺眼明烈——像誓死决裂的两个人，再也无法挽回的冷，连冷都是僵的。万物仿佛都沉寂，一切已经到谷底了，还能如何？

母亲包饺子，父亲拉着二胡，外婆剪着窗花，那窗花是"花开富贵"。

有一年在泉州过冬至，只穿了一件白衬衣，坐在东关吃肉粽子。路边的水仙开得正好。

"冬至，带盆水仙回家吧。"

小寒

孤清的女子，似张爱玲的小说。她叫小寒，眼神里全是杀气和寒气，没有人间烟火。小寒还是范宽画里的那个人，又寂静又孤独，他还是倪瓒画里的那棵树，独自在风雪中。

朋友从山西带来漆器，放上红枣，在路边烤着吃。

小寒总让我想起张火丁。骨子里清奇孤冷，半丝不热络，别人的疯狂迷恋与她无关。她兀自唱下去，唱下去。她不管别人，她唱给那光阴听。

有时候会想起八大。那画里的节气，多是小寒吧，那么空旷、那么冷寂，连一丝温暖都没有，但偏偏那么迷人——越是拒绝越是迷人，人是犯贱的。

大寒

千山鸟飞绝，只能去钓雪了。还能去钓什么？也只有雪了。

无人可交流，只与天地、光阴对话。不要懂得，也不要人书俱老，什么都不要了。连言孤独都觉得耻。

不诉说，不沟通，以极度决绝的姿态与世界隔绝——嘉宝说："我不参加三人以上的聚会"。张爱玲晚年只一个人待着，切断与世界所有联系。她连自己都不联系，她是大寒那场厚雪，铺天盖地，天地是她的，时光也扭曲了，在她的背影上折了弯，然后折服。

"大漠孤烟直，长河落日圆。"如果是在大寒，就与天、与地成为知己，与大雪私奔到时光的深处吧。

自尊

自尊，基于知耻。古语云："唯有知耻，才有自尊。"俗话说："人有脸，树有皮。"有了这份羞耻之心，我们做了错事便会惭愧，辜负了别人的期望会内疚，行为不当就会难过。

自尊，源于绝不趋炎附势卑躬屈膝的气概。"穷，要穷得像茶，苦中一缕清香；傲，要傲得像兰，高挂一脸秋霜。"自尊本来就不论出身、无关贫富，不论体貌、无关职位，自尊是神圣不可侵犯的。

社会是相互的，我们首先尊重别人，才会赢得别人尊重。

当然，尊重别人不是一味谄媚，不是低三下四奉承对方，不是谁天生欠谁的，凡事都有度，我们过于将就别人可能适得其反。

打人莫打脸，骂人莫揭短。在中国，"面子"是一件很重要的事，为了"面子"，小则翻脸，大则闹出人命。中国人可以吃闷亏，也可以吃明亏，但就是不能吃"没有面子"

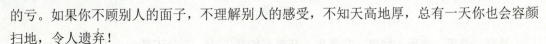

的亏。如果你不顾别人的面子，不理解别人的感受，不知天高地厚，总有一天你也会容颜扫地，令人遗弃！

尊人看本质，敬人看人品。善意不是对所有人都施予的，不识敬、不识轻重的虚伪之人，千万不要敬他。

人的自尊心是有底线的，决不能被侵犯。做人做事三思后行：看德行事、知情懂礼的人，我们必敬三分；自高自傲的人，必须远他一尺。

知恩图报者可谓君子，忘恩负义者乃为小人，敬君子，弃小人。

收获与感悟

人生"三容"

容言

好话、坏话、刺耳话，啥话都能听得进。虚心听取意见和建议，是风度，是胸怀坦荡。

让人把话讲完，是大度是谦恭，是强而不锐，也是有力量的体现。容言要有勇气，没有勇气则听不得诤言；容言要有耐心，没有耐心则听不到真言。

容言不是是非不辨，良莠不分，容言要有智慧，分得清哪是良言哪是谄言；还要有气量，听得进甜言蜜语，也容得下直言不讳，"兼听则明，偏信则暗。"容言，才能广开言路，集思广益。

容事

易事、苦事、难事、好事、窝囊事，凡事皆能装心中，一丝不苟地去办。易事认真办，苦事用力办，难事用心办，好事朝更好的方向去办，窝囊事要理智地去办。

认认真真、踏踏实实、勤勤恳恳地做好每一件事，不因其易而轻视，不因其苦而放弃，不因其难而退缩，不因有功而自傲，也不因无过而自喜。

容人

常人、能人、有功过之人，均应一视同仁，以诚相待。无论是常人、能人，还是有功之人，只是相互的能力有大小，职务有高低，功过有区别，彼此的人格是平等的。

平等待之，礼貌待之，以诚待之，这是为人的准则。以貌取人者，是俗人；以衣取人者，是庸人；以官取人者，是小人。

无论地位尊卑、年龄大小，有功还是有过，均能以诚待之，方为容人。容人才能得人得心，容人者方能为他人所容。

收获与感悟

智慧人生篇

不同年龄段的取舍

"短的是人生，长的是磨难。"

人生在世，如果计较的东西太多，名利地位、金钱美色，样样都不肯放手，那就会如牛重负，活得很累；反之，什么都不计较，什么都马马虎虎，什么都可以凑合，那也未免太对不起自己，活得没啥意思。

聪明的人，有生活智慧的人，会有所不为，只计较对自己最重要的东西，并且知道什么年龄该计较什么，不该计较什么，有取有舍，收放自如。

十岁时，应该不再计较家里给的零花钱多少，不和别人家的孩子比较穿名牌服装，少不更事，和人家比吃穿，还情有可原，年纪到了整数就该懂事了，前有孔融，后有洪战辉，都是楷模。

二十岁时，该不再计较自己的家庭出身，不再计较父母的职业。十几岁时，会和别的孩子比较家庭出身，比爹娘官大官小，恨不得都投生帝王之家、将相之门，也是人之常情。但如果到了"弱冠"之年，还弱不禁风，尚无自立之志，出身贫贱的还为家庭自卑，老觉得抬不起头来。出身富豪的还处处依靠父母，在家庭荫护下养尊处优，那就会一辈子都没出息。

　　三十岁时，已成家立业，为父为母，有了几年家庭生活的经验。大丈夫该不再计较妻子的容貌，深知贤惠比美貌更重要。会过日子的媳妇比会打扮的媳妇更让人待见。老婆该不再计较老公的身高，明白能力比身高更有作用，没有谋生能力的老公，纵然貌比潘安，还不如卖炊饼的武大郎。

　　四十岁时，该不再计较别人的议论，谁爱说啥就说啥，自己想咋过就咋过。如今的明星，一星期听不到他的绯闻轶事，没人对他议论纷纷，他就急得火烧火燎的。咱们虽然没有明星那样靠他人议论来炒作而不被他人议论影响的道行，但不会再轻易被别人的议论左右，否则也对不起"不惑"这两字啊！

　　五十岁时，该不再计较无处不在的不平之事，不再计较别人的成功对自己的压力，不再眼红他人的财富，不再当仇富的"愤青"。半百之年，曾经沧海，阅人无数，见惯秋月春风，不再大惊小怪；历尽是非成败，不再愤愤不平。看新贵飞扬跋扈，可不动声色；看大款挥金如土，也气定神闲，耐住性子。

　　六十岁时，如果从政，该不再计较官大官小，退了休，官大官小一个样，都是退休干部；如果经商，该不再计较利大利小，钱是挣不完的，再能花也是有限的。心态平和对自己身体有好处；如果舞文弄墨，当不再计较文名大小，文坛座次。

　　七十岁时，人到古稀，该不再计较的东西更多，看淡事情更广。年轻时争得你死我活的东西，现在只会淡然一笑。中年时费尽心机格外计较的东西，如今看来已无关紧要。一生多少事，"都付笑谈中"。但是不是说明都可以不再计较了，这个岁数的老人，要有三样特别积极：健康的身体、和谐的家庭、良好的名声。

收获与感悟

人生 25 张图

苹果定律

如果一堆苹果，有好有坏，你就应该先吃好的，把坏的扔掉，如果你先吃坏的，好的也会变坏，你将永远吃不到好的，人生亦如此。

快乐定律

遇事只要你往好处想，你就会快乐。就像你如果掉进沟里，你都可以设想说不定刚好有一条鱼钻进你的口袋。

幸福定律

你不是总是在想自己是否是幸福的时候，你就幸福了。

地位定律

有人站在山脚下，有人站在山顶上，虽然所处的位置不一样，在两人的眼里的对方却是同样大小。

沉默定律

在争辩的时候，最难辩倒的观点就是沉默。

动力定律

动力往往来源于两种原因：希望或绝望。

受辱定律

受辱时的好办法就是忽视它，不能忽视它，就藐视它，如果连藐视它也不能，你就只有受辱了。

愚蠢定律

愚蠢大多数是在手脚或嘴比大脑行动还快地时候产生的。

价值定律

当你拥有某一项东西的时候，你就会发现这种东西并不像你原来所想的那样有价值。

失眠定律

开了电视睡得着，关了电视反而睡不着。

人生定律

一辈子一盘棋，每一步都是自己走出来的。

谈话定律

最使人厌烦的谈话有两种：一是从来不停下来想想，另一种是从来不想停下来。

结局定律

有一个可怕的结局，也比没有任何结局要好。

痛苦定律

死无疑是痛苦的，然而还有比死更痛苦的东西，那就是等死。

惯性定律 任何事情只要能够坚持不断地去加强它，它终究会变成一种习惯。

游戏定律 无论你保龄球打得多"菜"，每次玩都可能有一两次全中，令你满意，高兴得下次再来。

指责定律 当用一个手指指责别人的时候，别忘了总有三个手指正指向自己。

旅游定律 没有比记忆中更好的风景，所以最好不要故地重游。

金钱定律 ____它不是万能的，但是没有它是万万不能的。____

危难定律 ____总是问题越复杂，期限就越短。____

备份定律 ____学会用左手做一些事情，因为右手不是永远都管用。____

时间定律 ____一分钟有多长？这要看，你是蹲在厕所里面，还是等在厕所外面。____

寻找定律

有时候越是急着找手机，翻遍整个房间也找不见，静下心来发一会儿呆，你就会发现手机一直就在左手里。

合作定律

一个人花一个小时可以做好的事情，两个人就要两个小时。

混乱定律

如果你在遇上麻烦时，还是那样谨小慎微，那麻烦就会变成混乱。

收获与感悟

人杰在悟

得意时不要太狂妄，

狂之则骄，骄之必败，是失意的祸根。

失意时不要太悲伤，

悲之则馁，馁则必衰，一蹶不振，是对生命的亵渎。

万事随缘，不可强求，

顺其自然，随遇而安，

方能有个好心情。

诸事，能为之则为，

不能为之则不为。

不苛求于人，己所不欲勿施于人；

不苛求于己，勿施不欲之事，任其天然。

人高在忍，诸事能忍品自高。

人贵在善，积德行善方为贵。

人杰在悟，悟透人生则杰。

英雄未必在成败，在其身体力行。

人生苦短，

盛衰荣辱转瞬即逝，

唯其心志长久。

功名利禄如过眼烟云，

随时幻灭，唯其芳名千古。

抬己意贬人，贬人意抬己，
乃不尊人也。
谦恭者抬人贬己，
贬己抬人，乃君子之风也。
多疑生是非，多虑生烦恼，
多思生忧郁，多怨生愤怒。
心平则气顺，心乱则事纷。
心态失衡，万事执偏。

待人要诚恳，与人为善，
体人之心，恕人之过。
待善者宜恭，待恶者宜厉，
待友者宜厚，待贤者宜谦，
待庸者宜宽猛相济，相得益彰。

读书时心净方能入深；
修身时念纯方能入道。
无专心致志无以喻其理，
无寡欲焉能养其德。
学则在其悟，修则在其真。

得理勿张狂，咄咄逼人反而失理，
寓理于情，理自伸然。
得势勿骄横，得意忘形反而失势。
寓势于谦势必大焉。

诸事适可而止，
不可尽兴，乐极生悲，
福极生祸，物极必反。

万物水洗而净，不洗则污；
万物沐阳而艳，不沐则衰；
万物静寂而清，不静则罔。
人间万事皆在陶冶。

收获与感悟

人生就是：柴米油盐酱醋茶

像柴一样热情

像柴一样燃烧自己，并且燃烧得越大越好，要让人和你一接触就能够感受到你的能量、你的热情。因此做人热情很重要，一个没有热情的人将无法影响别人，也不可能做成一件像样的事情。

像米一样实用

米告诉你它能填饱肚子，能提供营养给大家，因此做人一定要对别人有用，没有实在有用的价值，任何人都不可能与你长期合作。一个人能够有被利用的价值才是你生存的根本，为此我们必须终身保持自己独特的实用价值，这种价值越是无可替代，你就能够赢得更多人缘与机会。

像油一样润滑

油能润滑一切，因此做人要少一点摩擦，多一点润滑，这样做人做事你就能够让人喜欢。但是油绝对不是让我们圆滑，而是要有原则的润滑，圆滑的人是不会讨人喜欢的。

像盐一样有味

如果这个世界没有盐，一切食物都无味，人长期没有盐的吸收就会变得有气无力，因此做人要有点味，一个人只有有一点幽默感才能够很好地处理各种关系，才能够让人喜欢。每个人都喜欢和有点味的人交往，那种非常死板的人是不受人欢迎的。

像酱一样增色

酱的主要功能就是为别的东西来增色，因此做人要多为别人增色，无论人前与人后都说别人的优点，不要去说别人坏话，你一定会有非常好的人缘，好人缘才能有好财运，好福气。

像醋一样多能

醋对于人们来说是有非常多的好处的，因此，一个人在自己的一生当中，一定要多学习各种知识。在精通一门专业的情况下，还要让自己多掌握很多边缘性知识，有很多时候你与别人的合作就是因为你的多能成就的。

像茶一样有品位

茶是用来品的，因此做人一定要有品德。清华大学的校训是厚德载物，评价一个人不是看说了什么，而是看做了什么，行胜于言。因此，有好的品行的人在这个世界上会活得更好，人们需要正能量。

收获与感悟

哲理语句九则

一

看的是书，读的却是世界；沏的是茶，尝的却是生活；斟的是酒，品的却是艰辛；人生就像一张有去无回的单程车票，没有彩排。每一场都是现场直播。把握好每次演出便是最好的珍惜。

将生活中点滴的往事细细回味，伤心时的泪、开心时的醉，都是因追求而可贵。日落不是岁月的过，风起不是树林的错。只要爱过、等过、付出过，天堂里的笑声就不是传说。

二

世界没有悲剧和喜剧之分，如果你能从悲剧中走出来，那就是喜剧，如果你沉湎于喜剧之中，那它就是悲剧。如果你只是等待，发生的事情只会是你变老了。人生的意义不在于拿一手好牌，而在于打好一手差牌。

三

花儿不为谁开，也可以为自己开，世界不为谁存在，也可以为自己存在。花未全开，月未圆。这是人间最好的境界，花一旦全开，马上就要凋谢了，月一旦全圆，马上就要缺损了。而未全开未全圆，仍使你的心有所期待，有所憧憬。

四

选择一个朋友，就是选择一种生活方式。自己修身养性是交到好朋友的前提，等于给自己打开了最友善的世界。能够让自己的人生具有光彩。真正的朋友不是在一起有聊不完的话，而是即使不说一句话也不觉得尴尬。

五

这世上有两样东西是别人抢不走的：一是藏在心中的梦想，二是读进大脑的书。

六

好的爱情是你通过一个人看到整个世界，坏的爱情是你为了一个人舍弃世界。在这个世界上，只有真正快乐的男人，才能带给女人真正的快乐。马在松软的土地上易失蹄，人在甜言蜜语中易摔跤。

七

所谓门槛，过去了就是门，没过去就成了槛。把事情变复杂很简单，把事情变简单很复杂。时间是治疗心灵创伤的大师，但绝不是解决问题的高手。世界上只有想不通的人，没有走不通的路。

八

"神于天，圣于地"是中国人的人格理想：既有一片理想主义的天空，可以自由翱翔，不妥协于现实世界上很多规则与障碍，又有脚踏实地的能力，能够在这个大地上进行行为的拓展。

九

成熟不是人的心变老，是泪在打转还能微笑。走得最急的，都是最美的风景；伤得最深的，也总是那些最真的感情。收拾起心情，继续走吧，错过花，你将收获雨，错过雨，你会遇到彩虹。

收获与感悟

精神早餐

人最怕，深交后的陌生，认真后的痛苦，信任后的利用，温柔后的冷漠，亲朋间的误解！所以说，有些事情不要太计较，睁一只眼闭一只眼，就会过去的。遇到爱你的人，学会感恩；遇到你爱的人，学会付出；有个懂你的人，是最大的幸福。总不能流血就喊痛，怕黑就开灯，想念就联系。人生就像蒲公英，看似自由，却身不由己。有些事，不是不在意，而是在意了又能怎样，自己尽力了就好。人生没有如果，只有后果和结果。

站在山顶和山脚下的人，虽然地位不同，但在对方眼里，同样的渺小。每个人都喜欢简单的人、简单的事，不喜欢钩心斗角，不喜欢被算计，不喜欢假假的友情。

没有人会懂你到底有多痛，没有人会懂你到底要怎么继续生活下去，没有人知道你经历了怎么样的生活，也没有人知道你微笑背后所隐藏的伤痛要怎么激烈，更没有人知道你在悲伤的时候却发现原来没有了眼泪。你必须坚强，你若不坚强，谁替你勇敢？

人生，有许多事情无法言说。有些快乐，别人未必能理解；有些悲伤，别人未必能感受。有些累，疼在身上，累在心上；有些泪，挂在脸上，伤在心上；有些痛，无伤无痕，痛在心中。爱有天意，是否会眷顾自己；心有灵犀，为何总让人无语。有声的，亦累；有形的，也苦；有伤的，还痛。原来，看不见的伤痕最疼，流不出的眼泪最冷。

当你对自己微笑时，世上没烦事能纠缠你；当你对自己诚意时，世上没人能欺骗你。活在别人的掌声中，最易迷失自己；处在别人的关爱中，最易弱化自己。敢于面对困境的人，生命因此坚强。要感谢给你提意见的人，他使你成熟；要感谢给你造困境的人，他使你坚强。

再好的东西，也有失去的一天；再美的事物，也有淡忘的一天。如果不能拥有就放手，如果舍不得就痛苦，该珍惜就珍惜，该放弃就放弃，走得轻松，活得才顺心。别问谁的行为伤了你，谁的感情苦了你。生活就是这样，有人疼痛，有人笑，有人哭泣，有人叫。伤了揉一揉，苦了忍一忍，谁的人生都有伤，哪种生活没有苦？有些总是难免的，有些总是难躲的，人生并不怕伤过痛过，也不怕苦过哭过，关键是面对疼痛，你想不想，能不能站起来。生活已经摊开在你面前，是屈服地背道而行，还是坦然地积极行事，生活会告诉你不同的答案。生命，有长短；生活，有苦乐；人生，有

起落。学会挥袖从容，暖笑无殇。快乐，不是拥有得多，而是计较得少；乐观，不是没有烦恼，而是懂得知足；人生无完美，曲折亦风景。看开，想通，就是完美。

人和人相处，都要以一个平常的心态来对待，要时刻想到，这个世界离了自己照常运行，谁离了我都能活。所以，我们要想快乐生活，开开心心过好每一天，就应该与人和睦相处，多一点宽容，多一分理解，多一分关怀。

没有一个人，不是在相交中慢慢理解的；没有一份情，不是在相处中渐渐认同的。相交就要比心，相处就要凭情，情始于交往，心在于认同。好不好在来往中体现，行不行在相处间感受。真心付出，即使没有得到真情，也不要伤心。这个世界上，没有什么能够糊弄到最后，谁好谁坏，早晚都会明白。只要你问心无愧，就算什么也没有得到，也不必太过看重。人生，在心重情，活着自会安宁。

> **收获与感悟**

人生是书，须认真地阅读自己

人生是一本书，我们每走一步都会成为这本书上的一个字符，每过一年就多了一段诗行。时光是一支笔，蘸着欢笑和泪水的墨，书写出一节节身后的句末。生活的堆积，留下很多碎屑，在人生的每一个驿站，我们都应该停下匆匆的脚步，好好进行整理；认真总结自己的过往，特别是心路历程，从容地阅读自己！

阅读自己少年时代的幼稚，阅读三十而立的艰辛，阅读身处不惑中的迷茫，阅读知天命时的困顿！阅读曾经走过的沧桑，阅读记忆中的精彩，阅读人世间的真情，阅读生命中的感动！

翻阅已经落满了尘土的自己。在拭净的纸页上读懂那些被沾染上时间里破灭的尘埃和命途中千古遗种的残骸，期待我往日里深隐的澎湃。翻阅自己曾经那稚嫩而倔强的面庞，在每一个悲欢的表情背后又有多少曾经刻苦想要表达的完整却在时光中风化得棱角分明。翻阅自己不可端倪的内心倾蹋的废墟，仿佛海洋深处透明而混浊的心情一样搅拌着平静的海面。

阅读自己，是对自己内心的拂拭，是对自身的再认识，更是人性的自觉，因而它不是替自己辩解或掩饰，也非就事论事甚或与人争一日之长短，而是让自己的精神跳出矛盾纠缠，以理性和良知，滤去思想中的浊物与杂质，将驳杂纷繁推演成慢镜头，在自己心灵的屏幕上放映出来，静心凝视，体味事理，观照人情，将种种感受化作人生体验，用此扩充心灵，丰富人生经验。

从某种意义上讲，阅读是一种放松性的活动，但放松中有着很深的情结。我们遇到了生活，生活碰到了我们，总会在年华中留下痕迹，有的可以记住一辈子，有的可以影响一生，比如一位改变你心智让你懂得奋斗、懂得珍惜的朋友、师长。生活如此精彩，喜怒哀乐、甜酸苦辣样样俱全。

所以生活需要我们检点，就如读书有时候纯粹是为了打发寂寞，安慰一下我们受伤的心灵一样。清点一下生活，阅读一下自己，它会让我们在不断阅读的过程中明白怎样才能走得潇洒，活得从容，懂得知足的大道理。

生命的时钟不停地分割着生命的每一寸光阴，四十几年就这样匆匆过去了。面对着穿梭的光阴，思绪中忽然飘进一种莫名其妙的念头，如同一杯无糖的咖啡，透着一缕苦涩，散发一种幽香，那种感觉让人回味绵长，引人期待。

丢失了花季的年龄，跋涉了如歌的岁月，轻轻地推开不惑之年的扉门，在时间竖起的明镜前，悄然地阅读自己。二十岁以前爱做梦，三十岁以前爱幻想，四十以后爱回忆。人生真的很短暂，不知不觉间，青春已逝，韶华不在。

其实，人的生命也像自然界一样，同样有

着春夏秋冬四季鲜明的轮回。人在经历了童年的朦胧、青年的狂热、中年的沉稳后，自然而然地就进入了暮年的衰亡。不管你是达官贵人，还是普通百姓，不管你拥有无数钱财，还是一无所有，都会按照生命的定律，走完属于自己的人生历程。

人们总说风过无痕，我却认为风中也充满了回忆；又有人说爱过无痕，那是因为爱早已深深融入心中，那不仅仅是划破心空的痕迹，那不只是水面上泛起的涟漪。爱过无痕，不需要过多的留恋，让爱留在属于它的空间，留住一份心的宁静。

在人生旅途中，有几个知心的朋友陪伴是一件幸福的事情，有几个偶然的朋友也是一些欣慰的事情，如果能如愿地让他们陪伴自己走完这短暂的百年，也许任何激情都无法比拟这种更真实更温暖的拥有，任何沧桑也磨灭不了这种同进退共得失的感动……

当一个人安静的时候，时常感觉孤独，并不是因为没有朋友，而是一种淡淡的怀念，一种淡淡的回忆，有些感伤，有些失落，也有些温暖；当一个人安静的时候，时常会看看我们曾经的合影，追忆逝水年华，回想我们一起走过的岁月，有些苍凉，有些低调，带点华丽；当一个人安静的时候，也会想想自己的未来，以及朋友们的生活、生命旅程与最终的归宿。

回忆总是伤感的，可是回忆的感觉却很甜美，所以常常陷入其中乐不思蜀，往往这些时候就会很怀念朋友，一种冲动很想去找他们，可是，我们都要生活，都有自己的事业，有自己的路要走，我们除了努力还是努力，毕竟自己也有期盼、梦想、希望，还会有爱人……

青春的伙伴，昔日的战友，他们在某一个地方、某一个角落，生活得都还好吧，是否和我一样，常常一个人的时候，偶尔想一想，或在灯下看泛黄的照片，读褪色的字迹，缅怀一种逝去的光芒。

其实，生活就像洋葱，一片一片地剥开，总有一片会让我们流泪。看见的熄灭了，消失的记住了。我站在海角天涯，等待昙花再开的瞬间，把芬芳留给不老的年华，让岁月充满祥和！人到中年，心灵少了几分躁动，多了几分宁静。

生命的年轮已将我带进了人生的金秋。幼稚的梦境，青春的豪情，往日的生动，昨天的辉煌，纵然过去，却也从容淡静，因为这些已经雕刻在美好的记忆之中，会伴随并丰富着今生。

进入这个年龄段，有一种成熟的心态对待过去、现在和未来，行进的脚步变得和缓但更为稳健。虽然老练的表情时常有些凝重，但心中仍然蕴藏着真挚的情感。虽然身上写满岁月的沧桑，但壮心不已，孕育着前进的激情。我们一样向往和憧憬，可以在秋天里播种、耕耘，期待收获的季节，只要不放慢前行的脚步，就一定会有美好的明天。

我坚信午后斜阳依然会散射光芒，金秋季节仍然涌动着万千气象。在岁月里续写自己的故事，在旅途中欣赏美丽的风光，在平淡中享受美好的生活，也会"映日荷花别样红"，绚丽多姿也会从另一角度展现。

时光如箭，岁月匆匆，几多留恋、几多感叹，经历风霜冷暖，往事难以释怀。当硕果挂满金黄的秋天，心中增添了许多美满。当我们不再为功名所累，不再为物欲所烦，心静平如水，心地更坦然。大自然的规律不可抗拒，光阴如梭，时不待我，学我想学的知识，做我想做的事情，让生命发挥到极致，让日子过得香甜，让笑容更加灿烂。

今生，认真地阅读自己！我们会惊喜地发现，即使生命短暂，人类却可以化腐朽为神奇，让平淡的世界波光琉璃。我们不抗拒自然法则，却可以浓墨重彩描绘自己的人生。悲也好，喜也罢，毕竟我们活过了；轻轻地来也好，悄无声息地去也罢，毕竟我们画下了自己曾经存在过的符号。

尽管那些过往的细节留给了历史，但我们依然需要前行的动力，渴望在瞬间即逝的感动里，理一理紊乱的思绪，寻找一丝心灵的安慰！

也许，我们没有丰功伟业可以流芳百世，但我们可以群星拱月；也许，我们没有惊天地泣鬼神的故事留给后人评说，但我们可以跑龙套。前人创造了历史，历史因他们而精彩，我们续写着历史，后人会为我们的努力而喝彩，这就是生命的神奇。

常常阅读自己，一定会有新的感悟、新的启迪和新的收获。在不断的阅读中变得充实、自信、完美！从而使我们更深刻地认识自己，同时也更广地体验世界的人情事理，进而懂得并珍惜生活的博大与丰富，使我们活得更加清明、豁达、睿智，前行的脚步会更加从容坚定。

收获与感悟

人生的境界

苦而不言，喜而不语。
短短两句，包括了做人之最高境界。
为人收敛，不大惊小呼；
为人谦让，不傲慢自居。

不少人受到伤害，悲苦不已，
逢人便诉，泪涕涟涟，
以博人之同情。
或许起初，人们会为你抱不平，
但时日一久，不平会变为不屑，
而你却不查，
依然的喋喋不休，抱怨不已。
这时在人们眼中，苦不言是一种智慧。

人生在世，往往会因这样或那样的伤害而心痛不已。
累累伤痕是生命给你的最好礼物。

与其喋喋抱怨，不如静下深思。

流年似水，青春的灼痛终将沉淀为一种经历，

成为蕴藏在灵魂深处的暗夜精灵。

与其苦形于色，

不如苦过之后，轻轻拭去眼角的残泪，

用灿烂的笑脸遮掩忧伤，将暗涌深藏。

正是这些刻骨铭心的痛让我们懂得了——

珍惜生活，珍惜身边的人！

喜而不语是一种豁达，朋友之间的戏谑，遭人误解后的无奈。

这时，过多的言辞申辩反让人觉得华而不实。

莫不如留下一抹微笑，任他人作评。

所谓君子坦荡荡，小人长戚戚。

有时一个微笑可以让两个宿怨之人冰释前嫌，

可以让异域他乡之人倍感亲切温暖。

世界上最简单的动作，完美地诠释了人间最复杂的道理。

喜而不语留给人们更多的遐想空间，

犹如蒙娜丽莎嘴角那抹淡淡的微笑，

散发出来的魅力，让世人为之做出无数猜想。

一个平凡的人因为不平凡的微笑感动了无数人。

世界也因此多了一份神秘的美。

在某个清晨或黄昏——

打开日记，发现所有的误会、伤痛，

早已随深秋的落叶消失在旧日的风中。

唯有那盈盈的微笑，篆刻在岁月的年轮上。

收获与感悟

静听，秋风中的思绪

站在季节的路口，秋，以从容的姿态，演绎岁月的静美。

——题记

也许叶子是最能感应季节的，仿佛是一夜之间，风中吹来一丝薄凉，树叶漫天飞扬。秋，就这样不约而至。

其实，季节并不带感情色彩，只是因为人的心境不同，眼中的秋景也就有了不同的况味。悲秋的人看到的是秋风潇潇、孤雁哀鸣、雨打枯荷、百花凋零，满目萧瑟，怎一个愁字了得？乐观的人看到的是满山红叶妖娆、田野硕果累累、阳光温暖和煦，一派静美的秋色！

"碧云天，黄叶地，秋色连波，波上寒烟翠。"世事变幻，人情冷暖，让人迷茫与困惑，看不透世故与狡诈，只想做一个简单的自己，静守一隅。淡淡的友情很美，有几个相知相伴的好友，莫失莫忘，心已足矣。试问，紫陌红尘能与你一直走下去的又有几人？

人生路上，最为珍贵的是亲情、友情、爱情，让我们珍惜美好，心存感念，让温暖伴我们前行。

风起，叶落，花凋零。落叶在空中旋转，以漂亮的弧线飞舞着，像一个金发小公主，在跳着华尔兹，以曼妙的舞姿凄美谢幕。落叶，化作春泥更护花，它带着对大地的眷念，落地为泥，让果实结得更为饱满。果实的甜蜜也有落叶的一份功劳。

人们秋收时只看到沉甸甸的稻穗、飘香的瓜果，又有谁会想起那凋零的落叶呢？即便如此，落叶也无怨无悔，它默默地奉献，从不邀功领赏。待到春来时，它又会重生，迎来新的生命。就像严冬之后会迎来春天，会有彩虹，黑夜之后将迎来曙光，"山重水复"将迎来"柳暗花明"。

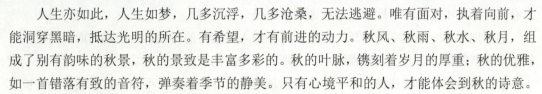

　　人生亦如此，人生如梦，几多沉浮，几多沧桑，无法逃避。唯有面对，执着向前，才能洞穿黑暗，抵达光明的所在。有希望，才有前进的动力。秋风、秋雨、秋水、秋月，组成了别有韵味的秋景，秋的景致是丰富多彩的。秋的叶脉，镌刻着岁月的厚重；秋的优雅，如一首错落有致的音符，弹奏着季节的静美。只有心境平和的人，才能体会到秋的诗意。

　　秋色怡人，醉了风，醉了雨，醉了我。看窗外的风景，天高，云阔，清静，淡然。人淡如菊，心素如简。携一缕阳光，许我一世安然。秋叶舞，秋意浓，让我们静静地感受秋的韵味。

收获与感悟

寻一处清幽，静静地欣赏

　　喜欢寻一处清幽，静静地欣赏音乐，欣赏蓝天白云，欣赏高山大河。心，总会在放松中豁然开朗，神思也会在欣欣然中恬淡。

　　"枯藤老树昏鸦，小桥流水人家，古道西风瘦马，夕阳西下，断肠人在天涯"，这是一种对生活的欣赏。

　　"昨夜雨疏风骤，浓睡不消残酒。试问卷帘人，却道海棠依旧。知否，知否，应是绿肥红瘦？"这是一种对人生的欣赏。

　　静静地欣赏，是一种习惯，一种态度，一种修养。

　　静静地欣赏春花秋月，你便会感叹造物主的神奇，让山如黛，水如练。你亦会懂得，云卷云舒，只不过弹指一挥；花开花谢，常常是一种心境。

静静地欣赏一段文字或音乐，你便会有一种入境随俗的心性，一些随性而舞的歌，一段干湿横斜的情，总会于袅袅娜娜中，美丽一个久违的梦。

静静地欣赏，你便仿佛走近了一个圣洁璀璨的世界，便会于不知不觉中被感染、被吸引，情不自禁地想去探索、亲近，于是，你的人格也会在天长日久的不知不觉中变得优秀，高尚。

静静地欣赏，是一种无声的学习，学习使人变得睿智；静静地欣赏，是一种独特的享受，享受使人变得快乐；静静地欣赏，是一种不尽的力量，力量催人奋进；静静地欣赏，是一种淡淡的芬芳，芬芳让人陶醉。

学会了静静地欣赏，你便懂得了比较；学会了静静地欣赏，你便懂得了珍惜；学会了静静地欣赏，你便收获了快乐；学会了静静地欣赏，你便收获了幸福……

站在红尘之外，静赏繁华，素笺心语，只做自己，欢乐也好，忧伤也罢，都于静静地欣赏中，淡作云卷云舒，化为回眸一笑。

收获与感悟

静，是那片叶，那泓水

静如秋叶，静如止水。一片秋叶飘落的声音，无声无息且无暇。一泓泉水静止的状态，无涟无漪亦无暇。我就这么静静地注视着你，静静地被你注视；我就这么深深地爱着你，深深地被你爱着。无需多言，这是爱情的一种境界，静的爱，静的情。一起倾听秋叶的落地之声，一起品味泉水的甘甜如初。

静是一种修养，是一种至高的品性。面对纷杂的诱惑和喧嚣，你能保持那份从容和宁静吗？能保持那种"采菊东篱下，悠然见南山"的平心静气吗？自古名言"淡泊明志，宁静致远"，足可见淡然中的恬静，孤独中的宁静是如何恰当地开启了我们有所尘封的心智。

都说一个好女人当淡定从容。女人的美丽当"恬静如月"，好像是天国飘来的霓裳羽衣，带着一片散淡的云，带着一空静幽的梦。等待天青色，等待姗姗的爱情静静地贯穿整个生命。一个张扬浮躁的女人，动不动就河东狮吼能讨人喜欢吗？不管她有多么美貌。

而男人的魅力也在于"宁静致远"，前些年社会上崇尚那些深沉冷峻的男性。而深沉冷峻不也是悠然地写出了一个"静"字吗？试想那些口无遮拦，凡事急躁冲动的人能成就大事业受人尊重吗？

有时候，"静"是那场春雨的淅淅沥沥，在纤尘不染的话音里洗涤着我们浮躁虚华的灵魂。有时候，"静"又似春的明眸皓齿，慢慢荡漾起我们心中的那份清新和芬芳。在花蕾中绽开音乐的流香，漫溢起伏的情感，飘荡层层叠叠的思绪。成熟的人们，在生活当中，在许多容易冲动、迈前一步后悔莫及退一步海阔天空的事情中，为什么我们不能在心里朝自己默默地喊上一声"一二三，静下来"呢？

固然是明悟了"静"与"躁"的相对而言，我们是否可以去好好诠释"静"的真正含义呢？静如秋叶，飘飘洒洒，烟霞里片片落红远去矣，远去矣！心静如水，无奢无望，雾霭里朵朵缱绻沉醉了，沉醉了！宠辱不惊，风轻云淡。静可以是那皎皎月华的独树一帜的柔美抒情，静也可以是那一地稀疏的午后阳光般的温暖，在我们美丽的生命里缓缓流淌。

且让浮世清欢，用"静"作诗，绕开流年的菲薄，去盛开精神的玫瑰。且让人间烟火，用"静"填曲，弥漫岁月的音符，去绽放灵魂的风华！

大智者谦和，大善者宽容

大智者必谦和，大善者必宽容，唯有小智者才咄咄逼人，小善者才斤斤计较。有大气象者，不讲排场；讲大排场者，露小气象。大才朴实无华，小才华而不实；大成者谦逊平和，小成者不可一世。

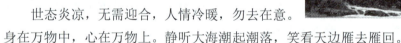

真正优雅的人，必定有包容万物、宽待众生的胸怀；真正高贵的人，面对强于己者不卑不亢，面对弱于己者平等视之。

世态炎凉，无需迎合，人情冷暖，勿去在意。身在万物中，心在万物上。静听大海潮起潮落，笑看天边雁去雁回。

宠辱不惊，去留无意，以平常心对待无常事，淡然看待人生的得失，荣辱与成败。在纷扰喧嚣的红尘，亦能简单明约，空静安然地享受生命与生活。

淡看人间事，潇洒天地间。再幸福的人生也有缺憾，再凄凉的人生都有幸福。潇洒的人生，要学会淡看缺憾，随缘而动。所谓随缘，就是尽人事而听天命。有随缘的心态，才能看淡失去，而把精力放到你可能的拥有上。

失去变淡了，痛苦就轻了；拥有看重了，快乐就增值了。潇洒的人生，心里只愿装着喜乐。

成功不在于坚持了多久，而在于你能否继续坚持。成功的关键往往只有几步，其他时候都是默默积淀的过程。积淀的过程需要坚持，此时的寂寞、平淡需要耐心来坚守；此间的困难、挫折需要智慧来攻克。

关键时候更需要坚持，几乎所有困难都在此时浮出水面，击破它们，你就赢了。谁坚持到最后，谁笑得最美。

一忧一喜皆心火，一荣一枯皆眼尘，静心看透炎凉事，千古不做梦里人。聪明人，一味向前看；智慧人，事事向后看；聪明人，是战胜别人的人；智慧人，是战胜自己的人。

修心当以净心为要，修道当以无我为基。过去事，过去心，不可记得；现在事，现在心，随缘即可；未来事，未来心，不必劳心。

人生的轨迹不一定会按你喜欢的方式运行。有些事你可以不喜欢，但不得不做；有些人你可以不喜欢，但不得不交往。当遇到那些自己不喜欢却又无力改变的事情时，我们唯一能做的，就是忍耐。

忍过寂寞的黑夜，天就亮了；耐过寒冷的冬天，春天就到了。练就波澜不惊的忍耐，再艰难的岁月，也只不过是浮云。

做人要一半聪明一半糊涂，把聪明的眼光对向自己，对自己的缺点错误，一定要心如明镜明察秋毫，一点不能马虎放过；把糊涂的目光对向别人，眼中看不到别人的对错得失，就像唐僧，满眼里就没有妖精和坏人。

即使还做不来看不到，那至少要学会心里有数、嘴上不说。

说了，就是伤害；不说，那是宽容。

收获与感悟

读书没有止境

"孤舟蓑笠翁，独钓寒江雪"，此乃第一境也。

读书，要静心而读，守住心灵深处的宁静和纯真，耐住寂寞，甘于孤独，要潜心铸剑，专心致志，聚精会神，心无旁骛。

柳宗元诗云："真源了无取，妄迹世所逐""淡然离言说，悟悦心自足"。

在明媚的春光里，小桥流水，白云悠悠，在树荫下，就是一本书，一把椅子，一杯清茶，读起来，你感到是那样的清静，那样的优雅；

在寒冷的冬夜中，夜阑人静，万籁俱寂，在书房里，就是一本书，一个人，一盏孤灯，手不释卷，你又觉得是那样的幽静，那样的惬意。

这是一种"板凳甘坐十年冷"的读书境界。

"采菊东篱下，悠然见南山"，此乃第二境也。

读书不仅要坐下来，还要能读进去。

书间如梦，一樽还酹明月。书读进去了，就会沉醉其中，废寝忘食，乐而忘忧，真可谓时光现在最佳，江山如此多娇，风景这边独好。

春风得意马蹄疾，一日看尽长安花。阅遍人间春色，人与书就会融为一体。这是一种"书人合一"的读书境界。

"会当凌绝顶，一览众山小"，此乃第三境也。

古今中外多少事，一切都付书本中。

书籍犹如巍峨的高山，绵延不尽，读书到一定的程度，就会高屋建瓴，对事物的认识就会更深更透，人的心胸就会无限宽阔，显示一种博大的胸怀和宏伟的气魄。

这是一种超越自我、超越现实、超然物外的"天人合一"的至高至上的境界。让我们的心灵在读书中升华自由之境。

"欲穷千里目，更上一层楼"，此乃第四境也。

千江有水千江月，万里无云万里天。人生有限，学海无涯，山外有山，天外有天，永无止境。"路漫漫其修远兮，吾将上下而求索。"读书到最后，就深感自己的渺小和知识的博大精深，要毕生践履，求精图新，倡导一种不断攀登、永远向上、积极进取的精神。

终身学习，把读书作为人生的内在需求，融化到血液、基因和灵魂中去，成为生命的一部分。天长地久有时尽，此读绵绵无绝期。这是一种"时人合一"的超越空间的至远至臻的境界。

收获与感悟

厚　道

契诃夫说："有教养不是吃饭不洒汤，是别人洒汤的时候别去看他。"有一则相似的美国俗语说："犯过错不是稀奇事，稀奇的是别人犯错的时候别去讥笑他。""别去看他"和"别去讥笑他"是一种做人的风范，在中国叫作"厚道"。

厚道不是方法，虽然也可以当方法训练自己。它是人的本性。厚道之于人，是在什么也没做之中做了很大的事情，契诃夫称之为"教养"。如果美德分为显性与隐性，厚道具有隐性特征。

厚道不是愚钝，很多时候像愚钝。所谓"贵人话语迟"，迟在对一个人一件事的评价沉着，君子讷于言。尤其在别人蒙羞之际，"迟"的评价保全了别人的面子。真正的愚钝是不明曲直，而厚道乃是明白而又心存善良，以宽怀给别人一个补救的机会。

厚道者能沉得住气。厚道不一定得到厚道的回报，但厚道之为厚道就在不图回报，随它去。急功近利的人远离厚道。

在人际交往上，厚道是基石。它并非某一时某一事的犀利，是别人经过回味的赞赏。处世本无方法，也总有一些高明超越方法，那就是品格。品格可以发光，方法只是工具。厚道是经得起考验的高尚品格。

厚道是河水深层的劲流，它有力量，但表面不起波浪。厚道的人有主张。和稀泥、做好人，是乖巧之表现，与"厚"无关。无准则、无界限，是糊涂之表现，与"道"无关。厚道的人也有可能倔强，也可能不入俗流，宁可憨，也不巧。厚，是长麦子的土壤之厚，墙体挡风之厚。厚德而载物，做人达到这样的境界，已然得道。

收获与感悟

"活出自己"前照照镜子

一

某编剧座谈会，一个姑娘说她的梦想是做编剧。某编剧劝她别乱想，姑娘表示要活出自己，就是当编剧。然后该编剧问她："平时有没有写什么东西？"姑娘说："一直在写，只不过一直没人看，放到网上也没人点击。"编剧说："你都不能让别人点击，你还想什么当编剧。想当编剧的在你这个年纪写东西肯定已经有人看了。别活出自己了，还是活成别人吧。"

这盆冷水，满分。

别过于高估自己，也勿过于低估他人

收获与感悟

二

郭德纲一次在相声中说："很多人说我把很多孩子坑了。说很多人看我火了都不好好学习不好好工作都想着来说相声一下子火起来。这里我跟大家说清楚，光看见贼吃肉了，谁看见贼挨揍了。我们这行狼多肉少，真不好干。别每天想着像我一样的火，你知道我这些年经历多少事？另外，二十多年了你都没想过说相声，看我火了你要活出自己为艺术献身了？"

这个打脸，响彻。

收获与感悟

三

有的人，备战高考时候想要"活出自己"，因而拒绝应试教育，拒绝好好备考；求学期间，他要"活出自己"，逃课，挂科，"我不要去学那些没有用的知识，混社会最重要的是能力"；恋爱时候，他要活出自己，变成直男癌，常说"我就是这样人""我不会为了谁妥协什么"；工作期间，他要"活出自己"，拒绝妥协、让步和隐忍，并频繁跳槽，说"我不是一个泯灭个性又阿谀奉承的人"。

这个例子非常典型。"活出自己"作为红遍大江南北几十年而不褪色的鸡汤口号，哄骗过无数失意青年，折腾过无数操心父母，破碎过无数稳定家庭，创造过无数闲散人员。

曾几何时，多少自命不凡的登徒浪子，看了几本书，读过几首诗，听过几首歌，会了几个和弦，就幻想仗剑天涯、一骑绝尘。他们梦想自己手握一把破木吉他，未来成为半壁江山，前有诗和远方，后有一群傻丫头高喊"流川枫，流川枫，流川枫"。

都看见贼吃肉了，谁看见贼挨揍了。他们不知道，"活出自己"的门槛很高，不是任何一种天赋都跨得过；"活出自己"的开销很大，不是哪个层次都玩得起；"活出自己"的风险很大，不是随便谁就扛得住。

"活出自己"的核心价值在于鼓励当事人力足己有的客观条件，最大程度发挥主观能动性。

收获与感悟

故事的背后

一

弟子问老师："您能谈谈人类的奇怪之处吗？"

老师答道："他们急于成长，然后又哀叹失去的童年。他们以健康换取金钱，不久后又想用金钱恢复健康。他们对未来焦虑不已，却又无视现在的幸福。因此，他们既不活在当下，也不活在未来，他们活着仿佛从来不会死亡；临死前，又仿佛从未活过。"

二

有一天，狗问狼："你有房子、车子吗？"狼说："没有。"

狗又问："你有一日三餐和水果吗？"狼说："没有。""那有人哄你玩、带你逛街吗？"狼说："没有。"狗鄙视地说："你真无能，怎么什么都没有！"狼笑了，说："我有不吃屎的个性；我有我追逐的目标；我有你没有的自由！我是孤寂的狼，而你只是一只自以为幸福的狗！"

三

一滴墨汁落在一杯清水里，这杯水立即变色，不能喝了；一滴墨汁融在大海里，大海依然是蔚蓝色的大海。为什么？因为两者的肚量不一样！不熟的麦穗直刺刺地向上挺着，成熟的麦穗低垂着头。为什么？因为两者的分量不一样！宽容别人，就是肚量；谦卑自己，就是分量；合起来，就是一个人的质量。

四

师父问："如果你要烧壶开水，生火到一半时发现柴不够，你该怎么办？"有的弟子说赶快去找，有的说去借，有的说去买。师父说："为什么不把壶里的水倒掉一些呢？世事总不能万般如意，有舍才有得！"

五

哈佛一调查报告说，人生平均只有 7 次决定人生走向的机会，两次机会间相隔约 7 年，大概 25 岁后开始出现，75 岁以后就不会有什么机会了。这 50 年里的 7 次机会，第一次不易抓到，因为太年轻；最后一次也不用抓，因为太老。这样只剩 5 次，这里面又有两次会不小心错过，所以实际上只有 3 次机会了。

六

老喇嘛对小喇嘛说："当你来到这个世界的时候，你在哭，但别人都很开心；当你离开这个世界的时候，别人都在哭，你自己很喜悦。所以，死亡并不可悲，生命亦不可喜。"

七

老人对他的孩子说："攥紧你的拳头，告诉我什么感觉？"孩子攥紧拳头："有些累！"老人："试着再用些力！"孩子："更累了！有些憋气！"老人："那你就放开它！"孩子长出一气："轻松多了！"老人："当你感到累的时候，你攥得越紧就越累，放了它，就能释然许多！"多简单的道理，放手才轻松！

八

如果不小心丢掉 100 块钱，好像丢在某个地方，你会花 200 块钱的车费去把那 100 块找回来吗？这是一个愚蠢的问题，可类似的事情却在人生中不断发生：被人骂了一句话，却花了无数时间难过；为一件事情发火，不惜损人不利己，只为报复；失去一个人的感情，明知一切已无法挽回，却还伤心好久……

收获与感悟

文化常识篇

十二生肖排序的由来

关于十二生肖的排序，民间有各种各样的传法，比如当年轩辕黄帝要选十二动物担任宫廷卫士，猫托老鼠帮忙报名，老鼠却给忘了，结果猫失去了被选上的资格，从此与鼠结下梁子。诸如此类传说还有很多，但是这些并不是真的。真实的十二生肖排序，可是大有学问。

上古时期，人就从昼夜十二时辰的角度解说地支和肖兽的配属关系。而后，又在十二时辰的启发下，发明了十二个生肖的排序。

子鼠

子时：即夜半，又名子夜、中夜，指北京时间 23 点至 1 点，是十二时辰的第一个时辰。子时，正是老鼠趁夜深人静而频繁活动之时，故称"子鼠"。

丑牛

　　丑时：即鸡鸣，又名荒鸡，为北京时间 1 点至 3 点，是十二时辰中的第二个时辰。牛习惯夜间吃草，农家常在深夜起来挑灯喂牛，故称丑时为"丑牛"。

寅虎

　　寅时：即平旦，又称黎明、早晨、日旦等，指夜与日的交替之际，为北京时间 3 点至 5 点。寅时，昼伏夜行的老虎最凶猛，古人常会在此时听到虎啸声，故称"寅虎"。

卯兔

卯时：即日出，又名日始、破晓、旭日等，指太阳刚刚露脸、冉冉初升的那段时间，为北京时间 5 点至 7 点。卯时，天刚亮，兔子出窝，喜欢吃带有晨露的青草，故称"卯兔"。

辰龙

辰时：即食时，又名早食等，指古人"朝食"之时，也就是吃早饭时间，为北京时间 7 点至 9 点。辰时，一般容易起雾，传说龙喜腾云驾雾，又值旭日东升，蒸蒸日上，故称"辰龙"。

巳蛇

　　巳时：即隅中，又名日禺等，指临近中午的时候，为北京时间 9 点至 11 点。巳时，大雾散去，艳阳高照，蛇类出洞觅食，故称"巳蛇"。

午马

　　午时：即日中，又名日正、中午等，为北京时间 11 点至 13 点。午时，古时野马未被人类驯服，每当午时，四处奔跑嘶鸣，故称"午马"。

未羊

未时：即日昳，又名日跌、日央等，指太阳偏西的时候，为北京时间 13 点至 15 点。有的地方管此时叫"羊出坡"，意思是放羊的好时候，故称未时为"未羊"。

申猴

申时：即哺时，又名日铺、夕食等，为北京时间 15 点至 17 点。申时，太阳偏西了，猴子喜在此时啼叫，故称"申猴"。

酉鸡

酉时：即日入，又名日落、日沉、傍晚，意为太阳落山的时候，为北京时间 17 点至 19 点。酉时，太阳落山了，鸡在窝前打转，故称"酉鸡"。

戌狗

戌时：即黄昏，又名日夕、日暮、日晚等，指天地昏黄、万物朦胧的时候，此时太阳已经落山，天将黑未黑，为北京时间 19 点至 21 点。戌时，人劳碌一天，闩门准备休息了。狗卧门前守护，一有动静，就汪汪大叫，故称"戌狗"。

亥猪

亥时：即人定（也就是人静），又名定昏等，此时夜色已深，人们也已经停止活动，安歇睡眠了，为北京时间 21 点至 23 点。亥时，夜深人静，能听见猪拱槽的声音，故称"亥猪"。

另外，按中国人信阴阳的观念，将十二种动物分为阴阳两类。动物的阴与阳是按动物足趾的奇偶参差排定的。

　　动物的前后左右足趾数一般是相同的，而鼠独是前足四，后足五，奇偶同体，物以稀为贵，当然排在第一，其后是牛，四趾（偶）；虎，五趾（奇）；兔，四趾（偶）；龙，五趾（奇）；蛇，无趾（同偶）；马，一趾（奇）；羊，四趾（偶）；猴，五趾（奇）；鸡，四趾（偶）；狗，五趾（奇）；猪，四趾（偶）。持这种说法的是宋人洪巽，明代学者郎瑛在其基础上进行了归类，在其所著的《七修类稿·十二生肖》中提出"地支在下"，因此别阴阳当看足趾数目。鼠前是四爪，偶数为阴，后足五爪，奇数为阳。子时的前半部分为昨夜之阴，后半部分为今日之阳，正好用鼠来象征子。牛、羊、猪蹄分，鸡四爪，再加上兔缺唇且四爪，蛇舌分，六者均应合偶数，属阴，占了六项地支。虎五爪，猴、狗也五爪，马蹄圆而不分，六者均为奇数，属阳，连同属阳的鼠，占了另外六项地支。

收获与感悟

琴、棋、书、画、诗、酒、花、茶

琴

知音一曲百年经，
荡尽红尘留世名。
落雁平沙歌士志，
鱼樵山水问心宁。
轻弹旋律三分醉，
揉断琴弦几处醒？
纵是真情千万缕，
子期不在有谁听？

棋

无声无息起硝烟，
黑白参差云雨颠。
凝目搜囊巧谋略，
全神贯注暗周旋。
山穷水尽无舟舸，
路转峰回别样天。
方寸之间人世梦，
三思落子亦欣然。

书

无芳无草也飘香，
石砚研飞墨染塘。
笔走龙蛇盘九曲，
鸾翔凤翥舞三江。
庐山峻岭隐深处，
人面桃花映满墙。
铁画银钩书万古，
春秋雅事一毫藏。

画

云雨山川素纸装，
晓风残月入华章。
一毫漫卷千秋韵，
七彩融开几度芳。
山路松声和涧响，
雪溪阁畔画船徉。
谁人留得春常在，
唯有丹青花永香。

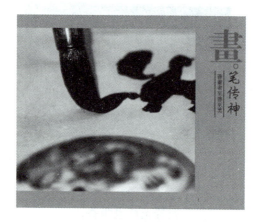

诗

推敲平仄著新篇，
酷爱诗魂已近癫。
朝赋别离悲又怨，
暮吟相聚笑还怜。
春花秋雨尽成韵，
晓月寒霜皆入联。
偶得佳词忘所以，
唐风一揽不知年。

酒

淡淡馨香微透光，
杏花村外送芬芳。
别君执手情无限，
会友斟杯醉亦狂。
常伴骚人对月饮，
又随墨客绕诗徉。
天涯万里情归路，
唯我金樽最爱乡。

花

枯枝叶底待欣阳，
终是情开暗透芳。
红颊含羞窥蝶舞，

朱唇轻启唱蜂忙。
邀来春色满园秀，
撷取清风一地香。
流落尘埃无怨悔，
新生由此看兴昌。

茶

枯枝叶底待欣阳，
终是情开暗透芳。
日月精华叶底藏，
静心洗浴不张扬。
悄融四海千河色，
暗润千年四季香。
窗外闲风随冷暖，
壶中清友自芬芳。

收获与感悟

成语故事

尊王攘夷

　　齐桓公在成就霸业时，曾得到管仲辅佐。管仲在齐桓公继位前曾侍从齐桓公的政敌，为与齐桓公争夺王位，曾射过齐桓公一箭。但齐桓公上台后，看重管仲的才干，不计这一箭之仇，而且拜其为相，实施改革，终于国富兵强。春秋时期，周天子的地位一落千丈，诸侯王不再听命于周王，一些强大的诸侯趁机发动兼并战争，强迫其他各国承认其霸主地位。管仲辅佐齐桓公打着"尊王攘夷"的旗号，使齐国齐桓公"九合诸侯，一匡天下"，成为春秋时期第一个霸主。

问鼎中原

　　春秋时楚庄王熊旅北伐，并向周天子的使者询问九鼎的重量，大有夺取周朝天下之势。公元前606年，楚庄王借伐陆浑之戎（今河南嵩县东北）之机，把楚国大军开至东周首都洛阳南郊，举行盛大的阅兵仪式。即位不久的周定王忐忑不安，派善于应对的王孙满去慰劳。庄王见了王孙满，劈头就问道："周天子的鼎有多大？有多重？"言外之意，要与周天子比权量力。王孙满委婉地说："一个国家的兴亡在德义的有无，不在乎鼎的大小轻重。"庄王见王孙满拿话挡他，就直接说道："你不要自恃有九鼎，楚国折下的戟钩的锋刃，足以铸成九鼎。"面对雄视北方的庄王，善辩的王孙满先绕开庄王的话锋，大谈九鼎制作的年代和传承的经过，最后才说："周室虽然衰微，但是天命未改。宝鼎的轻重，还不能过问啊。"庄王不再强求，挥师伐郑，以问郑背叛楚国投靠晋国之罪。鼎象征王权，庄王问鼎，表明夺权之心，比喻夺取天下。

退避三舍

　　春秋时期，晋国内乱，晋献公的儿子重耳逃到楚国。楚成王收留并款待他，重耳许诺如晋楚发生战争晋军将退避三舍（一舍为三十里）。后来重耳在秦穆公的帮助下重回晋国执政。晋国支持宋国与楚国发生矛盾，两军在城濮相遇，重耳退避三舍，诱敌深入而大胜。

一鸣惊人

相传楚庄王（另一说为齐威王）临政三年终日作乐，不理朝政。一臣下对庄王说："听说国中有一只大鸟，三年不飞，三年不鸣，是怎么回事？"庄王说："此鸟不飞则已，一飞冲天；不鸣则已，一鸣惊人。"然后，庄王整顿朝政，富国强兵，短短数年形成大治局面。

老马识途

春秋时期，齐桓公应燕国请求，带兵击退了山戎国的侵犯。山戎国国王密卢逃到孤竹国请求救兵，管仲跟随齐桓公打败了孤竹国的援兵。在回国途中，因假向导引入迷谷，使齐军受困。管仲建议用一匹老马带路而化险为夷。

收获与感悟

负荆请罪

战国时，赵国有两位重臣廉颇与蔺相如。因蔺相如多次立功，赵王封他为相国，廉颇不服气，认为自己的武功胜过蔺相如的嘴。蔺相如为了国家，对廉颇多次避让，廉颇得知他的良苦用心后惭愧不已，便背着荆条，到蔺相如家门请罪，从此两人和好，形成同生共死的交情。

纸上谈兵

战国时，战国名将赵奢的儿子赵括饱读兵书，能健谈用兵之道，连父亲也难不倒他，自认为是天下无敌。赵奢认为他是纸上谈兵不知交通。后来赵奢死了，赵括顶替廉颇带兵，蔺相如等人极力反对，然而赵王坚持。结果，赵括在长平之战中损兵40万。

三令五申

　　孙武流寓于吴，吴王想试试孙武的军事才能，就将180名年轻宫女交给孙武操练。孙武将宫女分作两队，让吴王的宠姬当两队的队长。孙武向宫女们交代了口令之后击鼓传令，宫女们一阵哄笑，队伍乱成一片。孙武再一次下达命令，宫女们只觉得好玩，根本不听命令。孙武说号令既然已经明白又不听令，这是头领之罪，下令将两名队长处死。吴王急忙叫人传令不能斩杀王妃，孙武仍然杀了两个王妃。然后，孙武重新操练宫女，这回没人敢不听号令了。

围魏救赵

　　战国时，魏军围困赵国京城邯郸。赵国向齐国求救，齐威王命田忌为将，孙膑为军师，出兵救赵。田忌原想直接引兵去救赵国的邯郸，孙膑主张引兵去围攻魏国的京城大梁，魏必回兵自救，这样，不但能解除赵国的围困，还能使魏军疲劳不堪。田忌采纳了孙膑的策略，引兵直奔大梁。魏军闻讯急忙撤回围攻邯郸的部队，星夜回军援救大梁。走到桂陵，齐军以逸待劳迎击魏军。魏军大败，几乎全军覆没。

胡服骑射

战国时，赵国国君武灵王决心变革图强。武灵王见胡人（少数民族）身着窄袖短褂便服，骑着战马，边跑边射箭，行动迅疾，十分灵活，便决定向胡人学习，改革士兵服装，发展骑兵。不到一年工夫，赵国便拥有了一支强大的骑兵。经过南征北战，赵国成了当时的强国之一。

收获与感悟

窃符救赵

战国时，秦国派兵围攻赵国的都城邯郸。赵国向魏国求救，魏国派兵前去救赵。秦国听说魏国派兵救赵一事，派人去魏国威胁魏王，魏王屈服于秦国，下令让前去救赵的魏兵按兵不动。赵王向魏国公子信陵君写信求救。信陵君曾为魏王的宠妃如姬报了杀父之仇，便请求如姬从魏王那里盗出了兵符，从而夺取了兵权，率领几万精兵，奔赴邯郸，打败了秦军，解了邯郸之围。

朝秦暮楚

战国时代，秦楚相争频繁，各诸侯国视利害所重，时而助秦，时而事楚。因而形成了一个形容在列强争夺势力范围的条件下，各集团和人们的态度动摇多变，反复无常的成语。

图穷匕见

公元前227年，燕国太子丹派荆轲前往秦国去刺杀秦王嬴政。荆轲告别太子丹时，高歌："风萧萧兮易水寒，壮士一去兮不复还。"到了秦国，荆轲以重金收买了秦王宠臣，得见秦王。荆轲假称要向秦王嬴政献上督亢地区的地图，当嬴政打开地图时，荆轲抓起卷在地图中的匕首，向秦王刺去。秦王大惊，猛地挣脱。荆轲被秦的武士所杀。

卧薪尝胆

　　春秋末年，南方的吴、越也加入了争霸战争。吴王夫差大败越国，打败并俘虏了越王勾践。勾践给夫差喂了三年的马，受尽折磨，受尽屈辱。回国后勾践立志报仇复国雪耻，请范蠡帮助训练军队，任用有贤能的人，自己亲自参加劳动并坚持睡在柴草上，每次饭前均要尝一下苦胆。经过十年训练，后来越国终于灭掉吴国。

高山流水

　　春秋时，俞伯牙工琴，琴曲托意摇深，常人难解，仅钟子期能赏。伯牙鼓琴，志在高山，钟子期赞曰："善哉，峨峨兮若泰山。"伯牙旋又志在流水，钟子期叹曰："善哉，洋洋兮若江河。"后来钟子期去世，伯牙痛失知音，废琴终身不弹。后人遂以"高山流水"喻知音难遇，也指乐曲绝妙。

收获与感悟

庄周梦蝶

　　战国时的哲学家庄周主张是非齐一、物我两忘。《庄子》中有一寓言申喻此理：庄周梦见自己化作一只蝴蝶，翩翩飞舞，怡然自乐。梦醒以后，自身依然是庄周。因此说，不知是庄周化为蝴蝶呢，还是蝴蝶化为庄周。后世遂以"庄周梦蝶"比喻人生如梦幻，难以究诘。

　　唐李商隐名作《锦瑟》云："锦瑟无端五十弦，一弦一柱思华年。庄生晓梦迷蝴蝶，望帝春心托杜鹃。沧海月明珠有泪，蓝田日暖玉生烟。此情可待成追忆，只是当时已惘然。"诗中颔联即用此典。

倾国倾城

　　汉武帝时，协律都尉李延年曾在武帝前作歌道："北方有佳人，绝世而独立。一顾倾人城，再顾倾人国。宁不知倾城复倾国，佳人难再得。"武帝无限神往，叹息良久曰："世岂有此人乎？"平阳公主进言，谓李延年有妹，姿容绝代，妙丽善舞。武帝召见，纳入后宫，即后来深受宠幸的李夫人。"倾国倾城"一词，即用以形容女子美貌绝伦，文学作品中引用甚多。

凌波微步

曹操之子曹植，才高八斗，闻名卓著，在长兄曹丕当政以后，备受猜忌，郁郁不得志。他的《洛神赋》是一篇传诵人口的名篇，其中描写洛神的步态之美云："体迅飞鸟，飘忽若神。凌波微步，罗袜生尘。"写洛神踏水而行，水面似留足迹之态十分传神。

后人遂以"凌波微步"形容女子之步履轻盈。如贺铸《青玉案》词"凌波不过横塘路，但目送，芳尘去"，即用此典。（典见曹植《洛神赋》）

破镜重圆

南朝陈代子舍人徐德言，其妻为陈后主的妹妹乐昌公主。因见天下大乱，国亡无日。

恐一旦亡国，离乱之际，夫妻失散，遂破铜镜为二，夫妻各执一半，相约他年正月十五日卖镜都市以谋晤合。未几，陈果为隋所灭。公主被隋朝重臣越国公杨素所获，极受恩宠。德言流离至京城，遇一仆在街头叫卖破镜，正与自己藏的半边契合，就题诗道："镜与人俱去，镜归人不归。无复嫦娥影，空留明月辉。"公主见诗，悲泣不食。杨素知情后，大为感动，终于让他们夫妇团聚。后因以"破镜重圆"喻夫妻离散后重新团圆。

人面桃花

唐诗人崔护，资质甚美，清明独游长安南庄，至一村户，见花木丛萃，寂无人声。因渴极，叩门求浆。良久始有一女子应门，捧杯水让坐。女子独倚庭前桃花，姿态楚楚动人；凝睇相对，似有无限深情。崔护以言挑之，不应。彼此注目久之。崔辞行，女子送至门。次年清明，崔护追忆此事，情不可遏，又往探访，唯见门院如故，扃锁无人。惆怅之余，乃题诗于门扉曰："去年今日此门中，人面桃花相映红。人面不知何处去，桃花依旧笑春风！"

后代诗文中常以"人面桃花"喻男子邂逅一女子，来后不复再见的惆怅心情。

收获与感悟

秉烛夜游

《古诗十九首》有"人生不满百，常怀千年忧。昼短苦夜长，何不秉烛游"之句。曹丕为魏王世子时，与吴质交好。建安二十二年（217年）大疫，一时文人如徐赶，刘桢，陈琳，王粲等均痢疾死亡，曹丕应作书与吴质，劝其惜时自娱。书中有"古人思秉烛夜游，良有以也"之句，后人遂以"秉烛夜游"喻及时行乐。李白《春夜宴桃李园序》中即用曹丕原语，只省一"思"字。

后又引申出秉烛看花，如白居易《惜牡丹花》"明朝风起应吹尽，夜惜衰红把火看"，李商隐《花下醉》"客散酒醒深夜后，更持红烛赏残花"，苏轼《海棠》"只恐夜深花睡去，故烧高烛照红妆"，均袭此意。

白云苍狗

唐太宗大历初年，王季友在豫章郡幕府任职。诗人杜甫与王季友有交，怜悯他博学多才却仕途失意，又遭妻子背离而去的不幸，作《可叹》一诗抒慨。首四句道："天上浮云似白衣，斯须改变如苍狗。古往今来共一时，人生万事无不有。"诗以天上浮云翻覆苍黄的变化，比喻人生荣枯沉浮无常。

宋代词人张元干有"白衣苍狗变浮云，千古浮名一聚尘"句。（典见《杜工部集》）"白云苍狗"后用以比喻世事瞬息万变。

绿叶成荫

唐代诗人杜牧在宣城任幕僚时，曾应湖州崔刺史之邀，前去作客。在湖州遇一少女，其时年末及笄，心颇爱悦之，临别相约十年后与她成婚。此后杜牧连年游宦，直至十四年后，被任为湖州刺史，方重临旧地，而当年相约的少女已嫁三年，并已生二子。杜牧惆怅不已，作《叹花》诗以寄慨。诗曰："自是寻春去校迟，不须惆怅怨花时。狂风落尽深红色，绿叶成荫子满枝。"

后人遂以"绿叶成荫"比喻女子已出嫁，并生有子女。宋诗人欧阳修亦有类似经历，曾有诗云："柳絮已将春色去，海棠应恨我来迟。"用语不同，而实运化杜牧"绿叶成荫"的诗意。（典见《丽情集》《唐诗纪事》和《唐才子传》）

镜花水月

镜中花，水中月，世人常以喻虚幻不可求得之物，但诗家常用以比喻朦胧空灵的意境。例如，宋代严羽以佛论诗，主张妙悟，他说："故其妙处，透彻玲珑，不可凑泊，如空中

之音，相中之色，水中之月，镜中之像，言有尽而意无穷。"又明代谢臻论诗云："诗有可解不可解，不必解，若水月镜花，勿泥其迹可也。"均以"镜花水月"比喻诗歌中不可言传的妙境。

闲云孤鹤

五代时诗僧贯休，七岁出家，苦节峻行，颇负诗名。吴越钱镠称王后，贯休以诗投偈。诗云："贵逼身来不自由，几年辛苦踏林丘。满堂花醉三千客，一剑寒霜十四州。莱子衣裳功锦窄，谢公篇咏绮霞羞。他年名上凌烟阁，岂羡当年万户侯！"颔联尤为佳绝。但钱镠见后，令其改"十四州"为"四十州"。乃可相见。贯休不从，道："州亦难改，诗亦难改。然闲云孤鹤，何天而不可飞？"后以"闲云孤鹤"比喻来去自由，不受羁绊。

收获与感悟

出自唐诗的 30 个成语

1. 八面玲珑：语出卢纶的《赋得彭祖楼送杨宗德归徐州牧》："四户八窗明，玲珑逼上清。"原来是指窗户轩敞；后来多用作形容为人处世手腕圆滑、面面俱到。

2. 宝马香车：语出沈佺期的《上巳日祓褉渭滨应制诗》："宝马香车清渭滨，红桃绿柳禊堂春。"指代骏马与美车，形容车马之美。

3．冰雪聪明：语出杜甫的《送樊二十三侍御赴汉中判官》：“冰雪净聪明，雷霆走精锐。”形容人极为聪明。

4．曾经沧海：语出元稹的《离思》：“曾经沧海难为水，除却巫山不是云。”比喻人见过大世面，眼界很高。

5．出将入相：语出崔颢的《江畔老人愁》：“两朝出将复入相，五世迭鼓乘朱轮。”含义是出则为将，入则为相；指文武兼备的人物。

6．春意阑珊：语出白居易的《晚春闲居》：“宿酲寂寞眠初起，春意阑珊日又斜。”指大好的春光快要完了。

7．摧眉折腰：语出李白的《梦游天姥吟留别》：“安能摧眉折腰事权贵，使我不得开心颜！”意思是向权贵低头哈腰，讨好谄笑，形容卑躬屈膝的样子。

8．寸草春晖：语出孟郊的《游子吟》：“谁言寸草心，报得三春晖。”比喻慈母对儿女的养育之恩。

9．笔扫千军：语出杜甫的《醉歌行》：“词源倒流三峡水，笔阵独扫千人军。”形容文章气势宏伟，在当时无人能比。

10．明眸皓齿：语出杜甫的《哀江头》：“明眸皓齿今何在？血污游魂归不得。”形容女子眼睛明亮，牙齿洁白，容貌美丽。

11．淡扫蛾眉：语出张祜《集灵台》："却嫌脂粉污颜色，淡扫蛾眉朝至尊。"形容妇女妆饰素雅。

12．豆蔻年华：语出杜牧《赠别》："娉娉袅袅十三余，豆蔻梢头二月初。"用来指代十三四岁的少女。

收获与感悟

13．笔走龙蛇：语出李白的《草书歌行》："时时只见龙蛇走，左盘又蹙如惊电。"意思是笔一挥动，就呈现出龙蛇舞动的神态。后多比喻草书的笔势矫健生动。

14．白云苍狗：语出杜甫的《可叹》："天上浮云如白衣，斯须变幻如苍狗。"意思是说天上的白云像白衣裳，顷刻之间又变得像黑狗。后比喻世事变化无常。

15．碧海青天：语出李商隐的《嫦娥》："嫦娥应悔偷灵药，碧海青天夜夜心。"原指碧绿的海、蔚蓝的天。后来用以比喻女子对爱情的坚贞。

16．惨淡经营：语出杜甫的《丹青引》："诏谓将军拂绢素，意匠惨淡经营中。"本来是说作画之前的苦心构思。后用于形容苦费心思于谋划并从事某项事情或事业。

17．西窗夜话：语出李商隐的《夜雨寄北》："何当共剪西窗烛，却话巴山夜雨时。"

原来是指思念远方的妻子，渴望夫妻团聚。后来泛指亲友聚会交谈。

18．一去不返：语出崔颢的《黄鹤楼》："黄鹤一去不复返，白云千载空悠悠。"原意是感叹时空的流逝。后用来比喻人或事物下落不明。

收获与感悟

19．风吹雨打：语出杜甫的《三绝句》："不如醉里风吹尽，可忍醒时雨打稀。"原意指脆弱的花木被风雨摧残。后多用来比喻恶势力对弱小者的迫害。

20．冰心玉壶：语出王昌龄的《芙蓉楼送辛渐》："洛阳亲友如相问，一片冰心在玉壶。""冰心玉壶"就是诗人的形象、诗人的化身。原比喻指自己的心地纯洁，一尘不染，表示决不因遭到贬斥而改变志节；后来也比喻性情淡薄，不热衷功名。

21．春风得意：语出孟郊《登科后》："春风得意马蹄疾，一日看尽长安花。"以前用此成语指称进士及第；现多用来比喻做事如意、兴奋踊跃。

22．貂裘换酒：语出李白《将进酒》："五花马，千金裘，呼儿将出换美酒，与尔同销万古愁。"原形容诗人豪爽的饮酒兴致；现形容为人旷达。

23．青梅竹马：语出李白的《长干行》："郎骑竹马来，绕床弄青梅，同居长干里，两小无嫌猜。"形容男女儿童天真无邪，在一起玩耍，又有成语"两小无猜"。

24．翻云覆雨：语出杜甫的《贫交行》："翻手为云覆手雨，纷纷轻薄何须数。"现比喻人耍手段、弄权术，反复无常。

收获与感悟

25．饭来张口：语出元稹《放言》："酒熟脯糟学渔夫，饭来饭来张口似神鸦。"意思是吃现成饭，形容不劳而获、坐享其成。

26．飞黄腾达：语出韩愈《符读书城南》："飞黄腾达去，不能顾蟾蜍。"比喻一些人的地位提升得很快。现多用于贬义。

27．风烛残年：语出白居易《归田》："况吾行欲老，瞥若风前烛。"比喻人已经到了老年，寿命不长了。

28．飞扬跋扈：出自杜甫《赠李白》："痛饮狂歌空度日，飞扬跋扈为谁雄。"原指意态狂豪，不爱约束。现多形容骄横放肆、目中无人。

29．炙手可热：语出杜甫的《丽人行》："炙手可热势绝伦，慎莫近前丞相嗔。"意思是杨家权重位高，没有人能与之相比；你千万不要走近前去，以免惹得丞相发怒生气。现在用来比喻权势气焰之盛。

30．石破天惊：语出李贺的《李凭箜篌引》："女娲炼石补天处，石破天惊逗秋雨。"原意指箜篌的声音高亢激昂、出人意料，造成一种难以形容的奇境。后来比喻文章议论新奇惊人。

收获与感悟

典故故事

烽火戏诸侯

　　在西周末年，昏庸的周幽王为博得王妃褒姒一笑，竟不惜在城中演出以烽火向诸侯求救的闹剧。结果，少数民族犬戎进攻西周，再起烽火时，诸侯无人来援，幽王被杀，西周结束。从此周天子的权威一落千丈，出现了春秋战国时期群雄并起，诸侯纷争的局面。

咏絮才高

东晋政治家谢安在雪天合家聚谈，与儿女讨论文义。正值户外雪越下越大，谢安兴致勃发，就指着外面的飞雪问："白雪纷纷何所似？"谢安的侄子谢朗随口说："撒盐空中差可拟。"侄女谢道韫接着道："未若柳絮因风起。"谢安听后大加赞赏，夸奖侄女才思不凡。谢道韫是东晋有名的才女。

柳絮随风飞扬，壮似飞雪，用以比喻纷飞的白雪，恰切而形象，故世人誉妇女有诗才为"咏絮才"。

无弦琴

晋代诗人陶渊明，虽不善琴，却置"无弦琴"一具，每逢酒酣意适之时，便抚琴以为寄托。宋代文学家欧阳修作《论琴贴》，自谓曾先后得琴三具，一张比一张名贵。但"官愈昌，琴愈贵，而意愈不乐"。当其任夷陵县令时，日与青山绿水为邻，故琴不佳而意自适；官至舍人，学士以后，奔走于尘土之间，名利场上，思绪昏乱，即弹奏名琴，也索然无趣了。因云："乃知在人不在琴，若心自适，无玄也可。"

苏轼《琴诗》云："若言琴上有琴声，放在匣中何不鸣？若言声在指头上，何不于君指上听？"此均言声音不在琴，其意均从陶渊明"无弦琴"一事翻出。（典见《昭明太子集·陶靖传》）

章台柳

　　唐代诗人韩翃是大历十才子之一，居京时得一姬柳氏，才色双全。后韩翃为淄清节度使侯希逸幕僚。时值安史之乱，他不敢携柳氏赴任。分别三年，未能团聚，因寄词柳氏云："章台柳，章台柳，往日依依今在否？纵使长条似旧垂，也应攀折他人手。"柳氏也有和词云："杨柳枝，芳菲节，可恨年年赠离别。一叶随风忽报秋，纵使君来岂堪折？"她因自己貌美独居，恐有意外，就出家为尼。不久被番将沙吒利劫去，后赖虞侯将许俊用计救出，与韩翃始得团圆。

　　后人就称韩翃寄柳氏词的词调为"章台柳"。"章台柳"亦被用为可任人攀折之意，柳墙花也专指妓女之类的人物。

收获与感悟

"曾子杀猪" 不食言

　　曾子很注意自我修养，同时对于下一代的教育也十分重视。

　　一天，曾子的妻子要到集市上去。曾子的儿子扯住母亲的衣裙，也要跟着去。母亲不答应，他就又哭又闹。曾子的妻子哄孩子："你回去吧，等会我回来，杀猪烧肉给你吃。"孩子听了妈妈的话，就不哭不闹了。

　　妻子从集市上回来，看见曾子把家里养的仅有的一头猪捆在凳子上，他自己挽起袖子，正在"霍霍"地磨刀，准备杀猪。儿子在一旁又笑又跳，快活极了。

曾子的妻子惊讶地喊道："你真的要杀猪呀？我不过是和孩子说着玩儿罢了。"

曾子严肃地说："小孩子怎么能随便和他说着玩儿呢？小孩子并不是生下来就有知识的，他的一举一动都要模仿父母，接受父母的教训。今天你说杀猪烧肉给孩子吃，说了不算数，就是欺骗孩子，就是教孩子以后也去欺骗别人。母亲欺骗孩子，使得孩子不相信自己的母亲，这可不是教育孩子的方法。"

妻子见曾子说得有理，便点头同意。她也动手帮曾子杀猪，烧好了肉，一家人吃得很开心。

立木为信成霸业

春秋战国时，秦国的商鞅在秦孝公的支持下主持变法。当时战争频繁、人心惶惶，为了树立威信、推进改革，商鞅下令在都城南门外立一根三丈长的木头，并当众许下诺言："谁能把这根木头搬到北门，赏金十两。"围观的人不相信如此轻而易举的事能得到如此高的赏赐，结果没人肯出手一试。于是，商鞅将赏金提高到五十金。重赏之下必有勇夫，终于有人站起将木头扛到了北门。商鞅立即赏了他五十金。商鞅这一举动，在百姓心中树立起了威信，而商鞅接下来的变法就很快在秦国推广开了。新法使秦国渐渐强盛，秦最终统一了中原。

因利失信而丧生

济阳有个商人过河时船沉了，他抓住一根大麻杆大声呼救。有个渔夫闻声而至。商人急忙喊："我是济阳最大的富翁，你若能救我，给你一百两金子"。待被救上岸后，商人却翻脸不认账了，只给了渔夫十两金子。渔夫责怪他不守信，出尔反尔。富翁说："你一个打渔的，一生都挣不了几个钱，突然得十两金子还不满足吗？"渔夫只得快快而去。不料想后来那富翁又一次在原地翻船了。有人欲救，那个曾被他骗过的渔夫说："他就是那个说话不算数的人！"于是商人淹死了。

商人两次翻船而遇同一渔夫是偶然的，但商人的不得好报却是在意料之中的。因为一个人若不守信，便会失去别人对他的信任。所以，一旦他处于困境，便没有人再愿意出手相救。失信于人者，一旦遭难，只有坐以待毙。

一诺千金免祸殃

秦末有个叫季布的人，一向说话算数，信誉非常好，许多人都同他建立起了浑厚的友谊。当时甚至流传着这样的谚语："得黄金百斤，不如得季布一诺。"（这就是成语"一诺千金"的由来）后来，他得罪了汉高祖刘邦，被悬赏捉拿。结果，他旧日的朋友不仅不被重金所惑，而且冒着灭九族的危险来保护他，使他免遭祸殃。

一个人诚实有信，自然得道多助，能获得大家的尊重和友谊。反过来，如果贪图一时的安逸或小便宜，而失信于朋友，表面上是得到了"实惠"，但为了这点实惠却毁了自己的声誉，而声誉相比于物质则重要得多的。所以，失信于朋友，无异于失去了西瓜捡芝麻，得不偿失的。

收获与感悟

晏殊真诚树信誉

北宋词人晏殊，素以诚实著称。在他 14 岁时，有人把他作为神童举荐给皇帝。皇帝召见了他，并要他与 1 000 多名进士同时参加考试。结果晏殊发现考试是自己 10 天前刚练习过的，就如实向真宗报告，并请求改换其他题目。宋真宗非常赞赏晏殊的诚实品质，便赐给他"同进士出身"。

晏殊当职时，正值天下太平。于是，京城的大小官员便经常到郊外游玩或在城内的酒楼茶馆举行各种宴会。晏殊家贫，无钱出去吃喝玩乐，只好在家里和兄弟们读写文章。有一天，真宗提升晏殊为辅佐太子读书的东宫官。大臣们惊讶异常，不明白真宗为何做出这样的决定。真宗说："近来群臣经常游玩饮宴，只有晏殊闭门读书，如此自重谨慎，正是东宫官合适的人选。"晏殊谢恩后说："我其实也是个喜欢游玩饮宴的人，只是家贫而已。若我有钱，也早就参与宴游了。"这两件事，使晏殊在群臣面前树立起了信誉，而宋真宗也更加信任他了。

魏文侯冒雨赴约

战国时候魏国第一个国君叫魏文侯，由于他处处诚信待人，所以不论是当官的还是普通百姓都敬重他，魏国在他的治理下迅速强大起来。

有一次，他和管理山林的人约好第二天下午一定去山林打猎练兵。次日，下朝后举行了宴会，魏文侯准备宴会一结束就去打猎练兵，可谁知宴会结束后，忽然下起了瓢泼大雨，且越下越大。魏文侯起身对众大臣说："对不起，我要告辞了，赶快准备车马，我要到郊外去打猎练兵，那里已经有人在等到我了！"众臣一见国君要冒雨出门，都有上前去劝阻。这个说："下这么大的雨，怎能出门呢？"那个说："去了也无法打猎练兵。"魏文侯看看天色说："打猎练兵是不成了，可是也得告诉那位管理山林的人哪。"众臣中有一个自告奋勇的人说："那好，我马上去。"魏文侯把手一摆，说："慢，要告诉也得我自己去。昨天是我亲自跟人家约定的，如今失约，我要亲自向人家道歉才行。"说完大步跨出门外，顶着大雨到管林人的住处去了。众大臣在背后都说魏文侯太傻，随便叫一个随从去就可以了，何必自己亲自去呢？

正因为魏文侯处处诚信待人，他才博得了臣民的信赖，他治理的国家才得以强盛。

八拜之交

八拜之交是旧时汉族社会的交际习俗。原表示世代有交情的两家弟子谒见对方长辈时的礼节，旧时也称异姓结拜的兄弟姐妹。后来八拜之交指管鲍之交、知音之交、刎颈之交、舍命之交、胶漆之交、鸡黍之交、忘年之交和生死之交。

1. 管鲍之交——管仲和鲍叔牙。
2. 知音之交——伯牙和钟子期。
3. 刎颈之交——廉颇和蔺相如。
4. 舍命之交——羊角哀和左伯桃。
5. 胶漆之交——陈重和雷义。
6. 鸡黍之交——张勋和范式。
7. 忘年之交——孔融和祢衡。
8. 生死之交——刘备、张飞和关羽。

管鲍之交——管仲和鲍叔牙

故事出处西汉·司马迁《史记·管仲传》："生我者父母，知我者鲍子也。"

春秋时齐国有一对很要好的朋友，一个叫管仲，另外一个叫鲍叔牙。管仲年轻的时候，

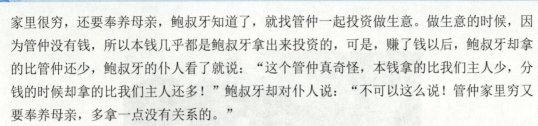

家里很穷，还要奉养母亲，鲍叔牙知道了，就找管仲一起投资做生意。做生意的时候，因为管仲没有钱，所以本钱几乎都是鲍叔牙拿出来投资的，可是，赚了钱以后，鲍叔牙却拿的比管仲还少，鲍叔牙的仆人看了就说："这个管仲真奇怪，本钱拿的比我们主人少，分钱的时候却拿的比我们主人还多！"鲍叔牙却对仆人说："不可以这么说！管仲家里穷又要奉养母亲，多拿一点没有关系的。"

有一次，管仲和鲍叔牙一起去打仗，每次进攻的时候，管仲都躲在最后面，大家就骂管仲说："管仲是一个贪生怕死的人！"鲍叔牙马上替管仲说话："你们误会管仲了，他不是怕死，他得留着他的命去照顾老母亲呀！"管仲听到之后说："生我的是父母，了解我的人可是鲍叔牙呀！"后来，齐国的国王死掉了，大王子诸当上了国王，诸每天吃喝玩乐不做事，鲍叔牙预感齐国一定会发生内乱，就带着小王子小白逃到莒国，管仲则带着王子纠逃到鲁国。

不久之后，大王子诸被人杀死，齐国真的发生了内乱。管仲想杀掉小白，让纠能顺利当上国王，可惜管仲在暗算小白的时候，把箭射偏了，小白没死。后来，鲍叔牙和小白比管仲和纠早回到齐国，小白当上了齐国的国王。小白当上国王以后，决定封鲍叔牙为宰相，鲍叔牙却对小白说："管仲各方面都比我强，应该请他来当宰相才对呀！"小白一听："管仲要杀我，他是我的仇人，你居然叫我请他来当宰相！"鲍叔牙却说："这不能怪他，他是为了帮他的主人纠才这么做的呀！"小白听了鲍叔牙的话，请管仲回来当宰相，而管仲也真的帮小白把齐国治理得非常好！

后来，大家在称赞朋友之间有很好的友谊时，就会说他们是"管鲍之交"。

收获与感悟

知音之交——伯牙和钟子期

　　故事出自《列子·汤问》。成语"高山流水"就来自伯牙和钟子期的故事，比喻知己或知音，也比喻音乐优美。

　　春秋时，楚国有个叫俞伯牙的人，精通音律，琴艺高超，但他总觉得自己还不能出神入化地表现对各种事物的感受。老师知道后，带他乘船到东海的蓬莱岛上，让他欣赏自然的景色，倾听大海的涛声。伯牙只见波浪汹涌，浪花激溅；海鸟翻飞，鸣声入耳；耳边仿佛响起了大自然和谐动听的音乐。他情不自禁地取琴弹奏，音随意转，把大自然的美妙融进了琴声。但是无人能听懂他的音乐，他感到十分的孤独和寂寞，苦恼无比。

　　一夜，伯牙乘船游览。面对清风明月，他思绪万千，弹起琴来，琴声悠扬……忽然，他感觉到有人在听他的琴声，伯牙见一樵夫站在岸边，即请樵夫上船。伯牙弹起赞美高山的曲调，樵夫道："雄伟而庄重，好像高耸入云的泰山一样！"当他弹奏表现奔腾澎湃的波涛时，樵夫又说："宽广浩荡，好像看见滚滚的流水，无边的大海一般！"伯牙激动地说："知音！"这樵夫就是钟子期。后来子期早亡，俞伯牙悉知后，在钟子期的坟前抚平生最后一支曲子，然后尽断琴弦，终不复鼓琴。

　　伯牙子期的故事千古流传，高山流水的美妙乐曲至今还萦绕在人们的心底耳边，而那种知音难觅，知己难寻的故事却世世代代上演着。

　　世上如伯牙与钟子期的知音实在是太少了。孟浩然曾叹曰"欲取鸣琴弹，恨无知音赏"。岳飞无眠之夜也道"欲将心事付瑶琴，知音少，弦断有谁听？"苏轼自比孤鸿，写下了"拣尽寒枝不肯栖，寂寞沙州冷"的句子。贾岛却是"两句三年得，一吟双泪流。知音如不赏，归卧故山丘"的辛酸。而那豫让"士为知己者死，女为悦己者容"的慷慨豪情又怎样的难得呢？知音难觅，知己难寻，无论红颜还是蓝颜"人生得一知己已足矣"成了人们永远的思求。

收获与感悟

刎颈之交——廉颇和蔺相如

　　故事出自《史记·廉颇蔺相如列传》："卒相与欢，为刎颈之交。"

　　战国时，赵国宦者令缪贤的门客蔺相如，受赵王派遣，带着稀世珍宝和氏璧出使秦国。他凭着智慧与勇气，完璧归赵，得到赵王的赏识，封为上大夫。后来，秦王又提出与赵王在渑池相会，想逼迫赵王屈服。蔺相如和廉颇将军力劝赵王出席，并设巧计。廉颇以勇猛善战给秦王以兵力上的压力，蔺相如凭三寸不烂之舌和对赵王的一片忠心使赵王免受屈辱，并安全回到赵国。赵王为了表彰蔺相如，就封他为上卿，比廉颇将军的官位还高。这下廉颇可不乐意了，他认为自己英勇善战，为赵国拼杀于前线，是第一大功臣，而蔺相如只凭一张嘴，居然官居自己之上。廉颇很是不服气，就决心要好好羞辱他一番。蔺相如听到这个消息，便处处回避与廉颇见面。到了上朝的日子，就称病不出。

　　有一次，蔺相如有事出门遇到廉颇。廉颇就命令手下用各种办法堵住蔺相如的路，最后蔺相如只好命令回府。廉颇就更得意了，到处宣扬这件事。蔺相如的门客们听说了，纷纷提出要回家，蔺相如问为什么，他们说："我们为您做事，是因为敬仰您是个真正崇高的君子，可现在您居然对狂妄的廉颇忍气吞声，我们可受不了？"蔺相如听了，哈哈一笑，问道："你们说是秦王厉害还是廉颇将军厉害？我连秦王都不怕，又怎么怕廉颇呢？秦国现在不敢来侵犯，只是慑于我和廉将军一文一武保护着赵国，作为赵王的左膀右臂，我又怎能因私人的小小恩怨而不顾国家的江山社稷呢？"廉颇听说后，非常惭愧，便袒胸露背

背着荆条向蔺相如请罪。从此，他们便成了同生死共患难的好朋友，齐心为国效力。

收获与感悟

舍命之交——羊角哀和左伯桃

　　故事来自于"羊左"的典故。春秋时，左伯桃与羊角哀结伴去楚国求见楚庄王，途中遇到了大雪天气，而当时他们穿的衣服都很单薄，带的粮食也不够吃。左伯桃为了成全朋友，把衣服和粮食全部交给了羊角哀，自己则躲进枯树中自杀而亡。后世于是将友谊深厚的知心朋友叫作"羊左"。

　　后人有诗赞云："寒来雪一尺，人去途千里。长途苦雪寒，何况囊无米？并粮一人生，同行两人死；两死诚何益？一生尚有恃。贤哉左伯桃！殒命成人美。"

收获与感悟

胶漆之交——陈重和雷义

　　陈重和雷义是东汉年间豫章郡（今江西南昌）两位品德高尚、舍己为人的君子。两人为至交密友，当时人们称颂道："胶漆自谓坚，不如雷与陈。"（事见《后汉书·独行列传》）后以"陈雷胶漆"比喻彼此友情极为深厚。元代无名氏《鲠直张千替杀妻》楔子："咱便似陈雷胶漆，你兄弟至死呵不相离。"

　　陈重，字景公，豫章宜春人。年轻时与同郡雷义结为知交。两人一起研读《鲁诗》《颜氏春秋》等经书，都是饱学之士。太守张云闻陈重之名，嘉许他的德才品行，举荐他为孝廉。陈重要把功名让给雷义，先后十余次向太守申请，张云不批准。第二年，雷义也被选拔为孝廉，两人才一起到郡府就职。同事中有一小吏家遭变故，举债负息钱数十万，债主天天上门索讨，小吏跪求暂缓，仍无法通融，欲诉诸官府。陈重得知后，便私下替他还债。小吏感恩戴德，登门拜谢，陈重若无其事地说："这不是我做的，也许是与我同姓名的人代你偿还的吧！"他始终不谈自己的恩德。有一次，一个同事告假回乡，忙中穿错了别人的一条裤子回去。失主怀疑是陈重拿走的，陈重也不置申辩，而是去买了一条新裤赔偿他。直到回乡奔丧的同事归来，才真相大白。

　　陈重与雷义两人同时官拜尚书郎，雷义因为代人受罪，被免职。陈重也以身体有病为理由，辞职一同还乡。后来陈重复出，任细阳县令，颇有政绩，举措标新立异；又升任会稽郡太守，因为姐姐去世守丧，辞官离职；后又被司徒征召，官拜侍御史，卒于任上。

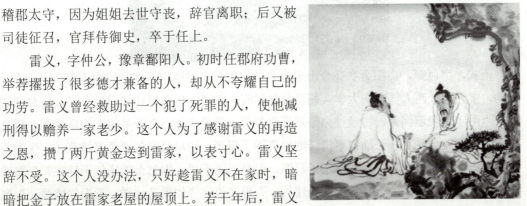

　　雷义，字仲公，豫章鄱阳人。初时任郡府功曹，举荐擢拔了很多德才兼备的人，却从不夸耀自己的功劳。雷义曾经救助过一个犯了死罪的人，使他减刑得以赡养一家老少。这个人为了感谢雷义的再造之恩，攒了两斤黄金送到雷家，以表寸心。雷义坚辞不受。这个人没办法，只好趁雷义不在家时，暗暗把金子放在雷家老屋的屋顶上。若干年后，雷义修葺房屋，翻开屋顶，才发现那两锭金子。但是送金子的人已过世，妻小也不知流落何方，无法退还。雷义便将这两斤黄金交付县曹，充入官库。雷义任尚书侍郎时，有一同僚因犯事，当受处罚，雷义为他分担责任，向上司上书申辩，愿意自己独担罪责。陈重闻知，弃职进京自陈曲衷，请求为雷义赎罪。后顺帝下诏，两人皆免官，并免予刑事处分。

雷义回乡又被举荐为秀才，雷义要把这功名让给陈重，刺史不批准。雷义就假装发狂，披头散发在街上替陈重奔走呼吁，而不去应命就职。因此遍乡里传颂他们两人的事迹，说道："胶和漆自认为融为一体，坚不可摧，还不如陈重与雷义，荣辱与共，生死相依。"后来三府同时征召两人，雷义被任命为灌谒太守，让他持节督察诸郡国的风俗教化，他设席讲学，太守令长各级官员来听讲的有 70 多人。不久雷义官拜侍御史，授南顿令，卒于任上。

世人赞道："陈雷胶漆，肝胆相照；为官为民，政声载道。"

> **收获与感悟**

鸡黍之交——张劭和范式

范式，字巨卿，山阳金乡（今山东金乡县）人，一名范汜。他和汝南人张劭是朋友。张劭，字元伯，两人同时在太学（朝廷最高学府）学习。后来范式要回到乡里，他对张劭说："两年后我还回来，将经过你家拜见你父母，见见小孩。"于是两人约定日期。后来约定的日期就要到了，张劭把事情详细地告诉了母亲，请母亲准备酒菜等待范式。张劭的母亲说："分别了两年，虽然约定了日期，但是远隔千里，你怎么就确信无疑呢？"张劭说："范式是个守信的人，肯定不会违约。"母亲说："如果是这样，我为你酿酒。"到了约定的日期范式果然到了，拜见了张劭的母亲。范、张二人对饮，尽欢之后才告别而去。

后来张劭得了病，非常严重，同郡人郅君章、殷子征日夜探视他。张劭临终时，叹息说："遗憾的是没有见到我的生死之交。"殷子征说："我和郅君章，都尽心和你交友，如果我们称不上你的生死之交，谁还能算得上？"张劭说："你们两人，是我的生之交；山阳的范巨卿，是我的死之交。"张劭不久就病死了。

范式忽然梦见了张劭，带着黑色的帽子，穿着袍子，仓促地叫他："巨卿，我在某天死去，在某天埋葬，永远回到黄泉之下。你没有忘记我，怎么能不来？"范式恍然睡醒，悲叹落泪，于是穿着丧友的丧服，骑着马赶去张劭的葬礼。还没有到达，那边已经发丧了。到了坟穴，将要落下棺材，但是灵柩不肯进去。张劭的母亲抚摸着棺材说："张劭啊，难道你还有愿望？"于是停下来埋葬。没一会，就看见白车白马，号哭而来。张劭的母亲看到说："这一定是范巨卿。"范式到了之后，吊唁说："走了元伯，死生异路，从此永别。"参加葬礼的上千人，都为之落泪。范式亲自拉着牵引灵柩的大绳，灵柩于是才前进了。范式于是住在坟墓旁边，为他种植了坟树，然后才离开。

收获与感悟

忘年之交——孔融和祢衡

故事出自《后汉书·祢衡传》："衡始弱冠，而融年四十，遂与为交友。"

孔融，字文举，鲁国人，孔子二十世孙。喜欢为学，博览群书。建安年间，献帝在许昌建都，孔融累次迁升到"将作大匠"（官名，相当于大良造，到汉朝时已无实权）。孔融见曹操野心越来越大，到了不能忍的地步，因此总是写奏章讽刺他。曹操忌惮孔融的名声，孔融也不能拿他怎么样。山阳郡守郗虑，见风使舵，以一点小错误上奏请求免去孔融的官。曹操趁机罗织罪名，构陷孔融，说："孔融曾经与祢衡大放厥词，互相吹捧。祢衡说孔融是'仲尼不死'，孔融说祢衡是'颜回复生'，犯了大不敬之罪。"于是孔融竟然被害。孔融和广陵陈琳孔璋、山阳王粲仲宣、北海徐干伟长、陈留阮璃元瑜、汝南应瑒德琏、东平刘公干，并称"建安七子"。其余六子皆与曹操的儿子曹丕、曹植很有交情，都被曹操辟为掾属，只有孔融为汉尽命。

平原祢衡，字正平，所写文章也很有文采，但不在七子之列。祢衡自以为有文才善言辩，桀骜不驯，喜欢讽刺时事，诋毁权贵，只和孔融惺惺相惜。孔融也很喜爱他的才华。祢衡刚刚20岁，而孔融已经40岁，于是结为好友。随后孔融写奏疏推荐祢衡，多次在曹操面前夸赞他。曹操想召见他，但他老是骂曹操。曹操怀恨在心，但由于祢衡的才华很出名，曹操不想杀他，于是派人把他送给荆州刘表。祢衡又侮骂刘表，于是刘表也不能容他。因为江夏太守黄祖性子急，刘表便把祢衡送给了黄祖。祢衡最后被黄祖所害，死的时候才二十六岁。

收获与感悟

生死之交——刘备、张飞和关羽

刘焉出榜招募义兵。榜文行到涿县，引出涿县中一个英雄。那人不甚好读书；性宽和，寡言语，喜怒不形于色；素有大志，专好结交天下豪杰；生得身长七尺五寸，两耳垂肩，双手过膝，目能自顾其耳，面如冠玉，唇若涂脂。此人是中山靖王刘胜之后，汉景帝阁下玄孙，姓刘名备，字玄德。昔刘胜之子刘贞，汉武时封涿鹿亭侯，后坐酎金失侯，因此遗这一枝在涿县。玄德祖刘雄，父刘弘。弘曾举孝廉，亦尝作吏，早丧。玄德幼孤，事母至孝；家贫，贩屦织席为业，家住本县楼桑村。其家之东南，有一大桑树，高五丈余，遥望之，童童如车盖。相者云："此家必出贵人。"玄德幼时，与乡中小儿戏于树下，曰："我为天子，当乘此车盖。"叔父刘元起奇其言，曰："此儿非常人也！"因见玄德家贫，常资给之。年十五岁，母使游学，尝师事郑玄、卢植，与公孙瓒等为友。

及刘焉发榜招军时，玄德年已二十八岁矣。当日见了榜文，慨然长叹。随后一人厉声言曰："大丈夫不与国家出力，何故长叹？"玄德回视其人，身长八尺，豹头环眼，燕颔虎须，声若巨雷，势如奔马。玄德见他形貌异常，问其姓名。其人曰："某姓张名飞，字翼德。世居涿郡，颇有庄田，卖酒屠猪，专好结交天下豪杰。恰才见公看榜而叹，故此相问。"玄德曰："我本汉室宗亲，姓刘，名备。今闻黄巾倡乱，有志欲破贼安民，恨力不能，故长叹耳。"飞曰："吾颇有资财，当招募乡勇，与公同举大事，如何。"玄德甚喜，遂与同入村店中饮酒。

正饮间，见一大汉，推着一辆车子，到店门首歇了，入店坐下，便唤酒保："快斟酒来吃，我待赶入城去投军。"玄德看其人：身长九尺，髯长二尺；面如重枣，唇若涂脂；丹凤眼，卧蚕眉，相貌堂堂，威风凛凛。玄德就邀他同坐，叩其姓名。

其人曰："吾姓关名羽，字长生，后改云长，河东解良人也。因本处势豪倚势凌人，被吾杀了，逃难江湖，五六年矣。今闻此处招军破贼，特来应募。"玄德遂以己志告之，云长大喜。同到张飞庄上，共议大事。飞曰："吾庄后有一桃园，花开正盛；明日当于园中祭告天地，我三人结为兄弟，协力同心，然后可图大事。"玄德、云长齐声应曰："如此甚好。"

次日，于桃园中，备下乌牛白马等祭礼，三人焚香再拜而说誓曰："念刘备、关羽、张飞，虽然异姓，既结为兄弟，则同心协力，救困扶危；上报国家，下安黎庶。不求同年同月同日生，只愿同年同月同日死。皇天后土，实鉴此心，背义忘恩，天人共戮！"誓毕，拜玄德为兄，关羽次之，张飞为弟。

收获与感悟

参考文献

[1] 王书利. 中华成语典故. 北京：线装书局，2016.

[2] 窦学欣. 国学文化经典导读. 北京：中国华侨出版社，2016.

[3] 谢冕. 哲理美文. 济南：山东人民出版社，2014.

[4] 中国国学文化艺术中心. 弟子规. 北京：人民教育出版社，2013.

[5] 施忠连. 国学经典诵读. 上海：上海辞书出版社，2013.

[6] 张学淳. 千古绝句：赏析唐诗. 上海：上海社会科学院出版社，2013.

[7] 张学淳. 千古绝句：赏析宋诗. 上海：上海社会科学院出版社，2013.

[8] 石开航. 读赏析——中国美古典诗词. 北京：中国华侨出版社，2013.